本专著系2020年度广西高等教育本科教学改革工程重点项目“应用型高校‘红色公益’创新创业教育的研究与实践”（项目编号：2020JGZ164）研究成果

应用型高校创新创业教育研究

——公益创业教育的探索

韦林杉　著

中国商业出版社

图书在版编目（CIP）数据
应用型高校创新创业教育研究 ：公益创业教育的探索 / 韦林杉著. -- 北京 ：中国商业出版社，2024. 7.
ISBN 978-7-5208-3030-0
Ⅰ. G640
中国国家版本馆CIP数据核字第2024SL0869号

责任编辑：黄世嘉

中国商业出版社出版发行
（www.zgsycb.com 100053 北京广安门内报国寺 1 号）
总编室：010-63180647　　编辑室：010-63033100
发行部：010-83120835 / 8286
新华书店经销
天津市蓟县宏图印务有限公司印刷
*
787 毫米 ×1092 毫米　16 开　10.25 印张　151 千字
2024 年 7 月第 1 版　2024 年 7 月第 1 次印刷
定价：58.00 元
*　*　*　*
（如有印装质量问题可更换）

内容简介

本书深度剖析了我国应用型高校在创新创业教育方面开展的积极探索。它从我国创新创业教育的背景和现状出发，全面揭示了目前教育体系中存在的问题与挑战，详细讨论了创新创业教育如何推动应用型高校教育改革，特别是在“专创融合”和“项目驱动”教育理念指导下的课程改革与实践教学创新。在“互联网+”的大背景下，书中精选了我国大学生创新创业的典型案例，为教育工作者和创业者提供了宝贵的经验和启示。本书最后通过对南宁学院公益创业教育的回顾与展望，为应用型高校创新创业教育的未来发展提供了宝贵的经验和思路。本书既有理论深度，又有实践指导意义，是应用型高校创新创业教育的重要参考书籍。

序

在这个知识经济全球化的时代，创新与创业已成为推动社会发展、解决复杂问题的关键力量。尤其在我国，随着创新驱动发展战略的深入实施，创新创业教育被提升到了前所未有的高度，成为高等教育体系中不可或缺的一环。《应用型高校创新创业教育研究——公益创业教育的探索》作为一部由南宁学院教师倾心撰写的作品，不仅承载着对我国创新创业教育实践的深刻识识，更寄托着对地方高校教育转型与社会服务功能强化的深切期望。

当前，我国正处于经济结构转型升级的关键时期，面临产业升级、资源环境约束加大等多重挑战。在此背景下，培养具有创新意识、创业精神和社会责任感的复合型人才，对于推动高质量发展、实现社会可持续目标至关重要。应用型高校，作为连接理论与实践、教育与产业的桥梁，其在创新创业教育领域的探索，不仅是响应国家创新驱动发展战略，也是自身发展与地区经济转型升级的需求。

公益创业教育，作为创新创业教育的一个重要分支，其核心在于培养学生的社会责任感和公益精神，鼓励他们运用商业手段解决社会问题，创造社会价值。在公益创业的实践中，学生们不仅要掌握基本的商业运营知识，更要具备对社会问题的敏锐洞察力和创新解决方案的设计能力。这不仅丰富了创新创业教育的内涵，也拓宽了青年学子服务社会的路径，体现了教育与社会共融共生的价值追求。

本书的撰写，正是基于对这一大背景的深刻理解，结合南宁学院及其所在地区的实际情况，展开了一系列富有前瞻性和实操性的探讨。南宁，作为中国西南地区的重要城市，正处在快速发展的历史阶段，面临着产业升级、环境保护、社会服务优化等多方面挑战，为公益创业提供了丰富的实践土壤。本书作者，作为南宁学院的教育工作者，亲历并见证了这一地区的变迁与发展，他们将自身的教学经验、研究成果与地方实践紧密结合，为读者呈现了一幅生动的公益创业教育画卷。

书中不仅分析了我国创新创业教育的总体趋势与政策环境，还细致描绘了应用型高校在构建“专创融合”课程体系、实施“项目驱动”教学模式、探索“互联网 +”时代创新创业路径等方面的具体实践，尤其是深入挖掘了公益创业教育的特殊意义与实施策略。通过对国内外成功与失败案例的剖析，本书为教育者、政策制定者以及广大青年学子提供了宝贵的启示和参考。

总而言之，本书不仅是对当前创新创业教育领域一次深入的理论探索，更是一次对地方高校如何在新发展格局中发挥独特作用的实践总结。它鼓励人们思考如何在培养未来人才的同时，促进社会公正、增进人民福祉，让教育成为推动社会进步的强大力量。期待本书的出版能为我国乃至全球的创新创业教育提供新的视角和动力，有益于谱写公益创业教育更加辉煌的篇章。

韦林杉
2024 年 5 月于南宁

目　录

第 1 章　我国创新创业教育的开展背景及现状

第 1 章　我国创新创业教育的开展背景及现状

1.1 我国创新创业教育的历史回顾

1.1.1 创新创业教育政策的演变与推动因素

在 21 世纪的教育蓝图中，创新创业教育作为激活青春智慧、驱动社会进步的关键一环，其政策发展轨迹不仅是教育改革的风向标，更是国家发展战略的重要组成部分。本节旨在追溯我国创新创业教育政策从萌芽到深化的发展脉络，揭示其背后的动因，为当前及未来教育实践提供镜鉴与启示。

1. 政策发展脉络

自 20 世纪 90 年代末至今日，我国创新创业教育政策经历了从觉醒、成长到成熟的演变过程，每一阶段都留下了时代特征与国家意志的深刻烙印。从最初的理念启蒙，到中期的实践探索，直至现今的深度融合与系统构建，每一步跨越都是对经济社会发展需求的精准响应，都是对全球竞争格局的主动适应，更是对人才培养模式创新的不懈追求。

（1）萌芽阶段（20 世纪 90 年代末至 2000 年）

在这一阶段，我国政府开始意识到高等教育与经济社会发展之间的紧密联系，面对全球经济一体化的趋势，以及国内产业升级的迫切需求，教育政策开始逐步倾向于鼓励创新与创业。标志性是《中共中央　国务院关于深化教育改革全面推进素质教育的决定》的发布，明确指出教育的目标不仅要传授知识，更要培养学生的创新意识、实践能力和独立思考能力，为创新创业教育的萌芽奠定了思想基础。此时期，虽然具体措施尚处于探索阶段，但政策导向已经为后来的全面发展铺垫了道路。

（2）发展阶段（2000 年至 2010 年）

随着“十一五”规划的深入实施，国家对高等教育提出了更高的要求，特别是针对大学生就业与创业的问题，出台了一系列实质性的支持政策。比如，创立大学生创业基金，提供税收减免等激励措施，直接促进了学生创业活动的兴起。教育部推出的“国家大学生创新性实验计划”，标志着创新创业教育从理念倡导进入了实践操作和系统化建设的新阶段，通过项目资助、平台搭建等手段，培养学生的创新思维和动手能力。

（3）深化阶段（2010 年至今）

2014 年，“大众创业、万众创新”（简称“双创”）的战略提出，将创新创业教育提升到了国家战略的高度。随之而来的是更为密集和细致的政策部署，如《国务院办公厅关于深化高等学校创新创业教育改革的实施意见》。

该文件要求将创新创业教育全面融入高等教育的各个阶段和各个方面，形成全过程、全链条的教育体系。此后，政策持续升级，不仅扩大了创新创业训练计划的受益面，还积极推动了创新创业学院的建设，强化校企合作，构建产学研用紧密结合的教育模式，形成了一个从顶层设计到具体实施全方位支持创新创业教育的政策体系。

2. 政策演变的驱动因素

这一系列政策的演变并非偶然，而是多种因素交织作用的结果。

（1）经济社会发展需求

随着国内外经济环境的变化，尤其是产业结构的不断调整和升级，对具备创新思维和创业能力的高素质人才需求日益增加。这种社会经济发展的内在需求，促使政府通过政策引导，加强创新创业教育，以适应和引领经济转型。

（2）就业压力与人才结构调整

随着高等教育的普及，大学生就业压力持续增大，传统的就业模式难以满足大量毕业生的就业需求。创新创业教育被视为缓解就业压力、促进自主创业、优化人力资源配置的重要手段。通过鼓励学生创业，可以有效拓宽就业渠道，调整人才市场的供需结构，提升就业质量。

（3）国际竞争与创新人才培养

在全球化背景下，科技创新成为国家竞争力的核心要素。面对激烈的国际科技竞争，国家认识到，培养具有国际视野和创新能力的高端人才是提升国家整体创新能力的关键。因此，通过一系列创新创业教育政策的推动，旨在加速培养能够引领未来科技发展和社会进步的创新人才，为国家的长远发展提供坚实的人才支撑。

我国创新创业教育政策的演变是一个响应时代需求、顺应国际趋势、逐步深化和完善的过程，其背后深刻的驱动因素既包括经济社会发展的客观要求，也有应对就业市场变化和国际竞争的战略考量，体现了国家对教育与经济社会发展之间互动关系的深刻理解和前瞻布局。

1.1.2 早期创新创业教育的初步尝试与成效

在创新创业教育的早期，我国教育界勇敢地迈出探索的步伐，尝试在传统的教育框架之外开辟一条崭新的路径。从增设创业课程到举办创业大赛，再到建立实践基地，这一系列初步尝试不仅丰富了教育模式，更是在学生心中播下创业梦想的种子，搭建起从理论通向实践的桥梁。

1. 早期教育模式与案例

这一阶段，各大高等教育机构与社会团体开始积极探索多样化的教育模式，旨在培养具有创新精神和实践能力的未来创业者。这些早期尝试不限于课堂知识的传授，更注重实践应用与经验积累，形成了创新创业教育的初步框架。

（1）增设创业课程

诸多高校开始在课程体系中融入创新创业内容，如增设创业管理、创新思维导论、商业模式创新等课程，这些课程不仅涵盖了理论知识，如市场分析、财务管理、营销策略等，还强调了案例分析，通过解析成功与失败的创业实例，帮助学生理解创业过程中的关键因素。

（2）举办创业大赛

“挑战杯”全国大学生课外学术科技作品竞赛、“互联网+”大学生创新创业大赛（现已更名为“中国国际大学生创新大赛”）等大型赛事的举办，成为激发学生创新思维、检验创业项目可行性的关键平台。这些赛事不仅为学生提供了展示自我、竞争交流的舞台，还吸引了众多投资者的关注，为优秀项目提供了资金和资源对接的机会。

中国国际大学生创新大赛

（3）建立创业实践基地

校内外创业孵化器、创业园、创新实验室等实践基地的建立，为学生提供了从理论到实践的桥梁。这些基地通常配备有专业导师团队，包括企业家、投资人和行业专家，他们通过一对一辅导、工作坊、研讨会等形式，为学生提供项目孵化、法律咨询、市场推广等全方位支持，降低了创业初期的试错成本。

2. 初步尝试的成效评估

早期创新创业教育实践显著提升了学生的创业意识，增强了他们的实践技能，并促成多个项目成功转化。这些活动不仅激发了学生的主动性，形成了积极的创业环境，还通过实际操作提升了学生在商业策划、团队协作和财务管理等方面的能力，部分项目更是加入了运营企业，带来经济效益与社会价值。成功案例的展示，进一步激发了更多学生参与创新创业的兴趣，形成了积极的循环效应。

（1）意识觉醒

早期的创新创业教育活动极大地提升了学生的创新创业意识，使之认识到创业不仅是一种职业路径的选择，更是实现个人价值、贡献社会的有效途径。越来越多的学生开始主动探索创业的可能性，创业文化在校园中逐渐普及，形成了积极向上的创业氛围。

（2）技能提升

通过参与创业课程和实践项目，学生在多个方面获得了显著的技能提升。商业策划能力的锻炼让他们能够系统地构思和展示创业想法；团队协作经历则增强了他们的沟通协调与领导力；而对风险评估与财务管理的学习，则帮助学生学会理性分析创业过程中可能遇到的挑战，为项目落地打下坚实基础。

（3）项目孵化与成果转化

在这一系列教育活动的推动下，一批具有创新性和市场潜力的项目得以孕育和发展。部分项目通过校内外资源的支持，成功转化为实际运营的企业，不仅创造了经济效益，解决了实际问题，还为社会带来了正面影响，体现了创新创业教育在促进经济发展与社会进步方面的积极作用。这些成功的案例反过来又激励着更多的学生加入创新创业的行列，形成了良好的循环效应。

早期创新创业教育的初步尝试虽处于探索阶段，但已显现出其在培育创新意识、提升创业技能及促进项目转化等方面的显著成效，为后续更深层次、更系统化的创新创业教育改革奠定了坚实的基础。

1.1.3 近年创新创业教育的深化发展与特征

随着全球知识经济的迅猛发展和创新驱动发展战略的深入实施，创新创业教育作为培养创新人才、激发社会活力的关键环节，近年来经历了前所未有的深化发展，展现出一系列鲜明的时代特征和教育模式的创新。

1. 近年来的深化发展

近年来，我国创新创业教育在国家政策的引导与社会需求的驱动下，经历了一场从量变到质变的深刻变革，展现出前所未有的活力与广度。这一系列的发展不仅体现在教育体系的日益完善，更在于教育理念与模式的不断创新以及教育资源的深度整合与优化配置。从体系化建设的全面铺开，到学科交叉融合的深入实践，再到国际化视野的拓宽与产教深度融合的推进，创新创业教育正逐步构建起一个多元化、开放式的教育生态，为培养具有全球竞争力的创新人才提供了坚实的基础与广阔的舞台。

（1）体系化建设

近年来，创新创业教育不再局限于单一课程或活动，而是形成了一个立体化、多层次的教育生态系统。各高校积极响应国家政策，纷纷构建起包含基础理论课程、实践操作课程、案例分析、创业模拟等多维度的课程体系，并建立了从理论学习到实践操作，从创意激发到项目孵化的全链条教育流程。同时，实践平台的搭建，如创业孵化器、创新实验室、创业园等，为学生提供了丰富的实践机会。师资队伍的建设也日益专业化，不仅包括校内教师，企业家、投资人等业界专家也担任兼职导师。在评价机制上，更加注重过程评价和能力展示，而非单一的考试成绩。

（2）学科交叉融合

在教育实践中，创新创业教育不再是某一学科的“专属领地”，而是成为促进学科交叉融合的重要驱动力。高校鼓励学生打破专业壁垒，将不同学科的知识技能综合运用到创新创业项目中，解决复杂的社会和产业问题。通过设立跨学科研究中心、举办跨界创新大赛等形式，促进了知识的横向流动和整合创新。

（3）国际化视野

在全球化背景下，创新创业教育强调国际交流与合作，引进海外先进的教育理念、课程体系和管理经验。通过建立国际合作平台、举办国际创新创业论坛、支持师生海外访学和参与国际竞赛等措施，拓宽了学生的国际视野，增强了其在全球市场中的竞争力和适应能力。

（4）产教深度融合

为了更好地对接市场需求，创新创业教育强调与产业界的紧密结合。通过校企联合实验室、实习实训基地、共同研发项目等形式，实现了教学内容与产业实践的无缝对接。这种模式不仅让学生提前接触行业前沿，也为企业的创新发展注入了新鲜血液，形成了教育与产业相互促进的良性循环。

2. 不断发展的教育模式

在教育深化改革的浪潮中，创新创业教育不仅紧跟时代步伐，更在实践中不断深化其内在特质，塑造了一套以“全人教育”为核心，集实战导向、个性化培养与持续支持于一体的教育新模式。这一系列特征的形成，标志着创新创业教育已超越单纯的知识传授，转变为一种注重学生综合能力培养、鼓励创新实践、尊重个体差异并提供长期支持的教育范式。通过这一模式，培养的不仅仅是技术与商业的精英，更是具有社会责任感、批判性思维和全球视野的未来领袖，为社会可持续发展贡献智慧与力量。这一系列教育特征的深化，正是对教育本质的回归与升华，预示着我国创新创业教育正步入一个更加成熟、高效的发展新阶段。

（1）全人教育

创新创业教育超越了传统的职业技能培训，更加重视学生全面发展，即“全人教育”。教育内容涵盖了社会责任感的培养、创新思维的激发、批判性思维的训练以及有效沟通能力的提升，旨在塑造具有高度社会责任感、良好道德品质和全面能力的未来领导者。

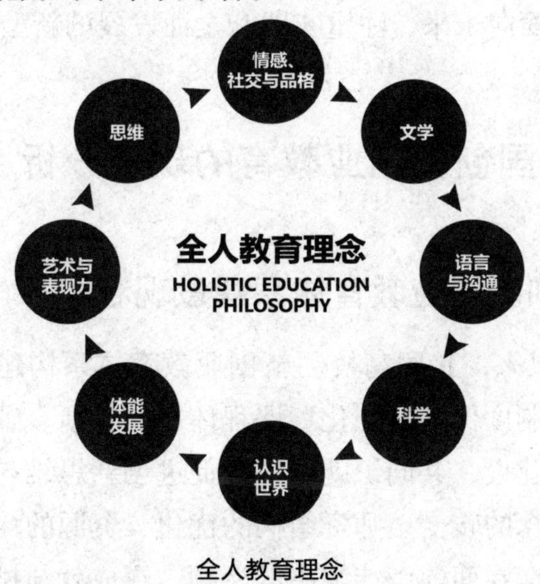

全人教育理念

（2）实战导向

在教育过程中，实战经验的积累被放在了极其重要的位置。通过模拟创业比赛、创业项目孵化、真实企业运营等多种形式，学生能够在接近真实的商业环境中学习决策制定、团队协作、市场分析等关键技能，增强解决问题的能力。

（3）个性化培养

尊重每个学生的独特性，创新创业教育推行个性化培养方案。借助大数据分析、智能推荐系统等技术手段，根据学生的兴趣、能力倾向和职业规划，定制课程计划和实践项目，激发学生的内在潜能，促进个性化成长。

（4）持续支持

为确保创新创业教育的效果持续延伸，建立了贯穿学生整个学习生涯乃至毕业后的支持体系。这包括但不限于提供专业的创业咨询服务、设立种子基金和创业投资对接平台、组织校友网络和行业导师制度，以及开展后续跟踪服务，确保学生在创业道路上得到长期且有效的支持。

近年来，创新创业教育深化发展不仅体现在体系的完善、方法的创新和视野的拓宽上，更在于其教育理念的深刻变革，即从单纯的知识传授转向能力培养、从单一学科走向交叉融合、从国内视角迈向国际化，最终形成了一种以学生为中心、面向未来、注重实践和全面发展的新型教育模式。

1.2 当前我国创新创业教育的现状分析

1.2.1 高校创新创业教育体系建设现状

步入21世纪以来，我国高校创新创业教育体系构建加速，展现出一派欣欣向荣的景象。制度保障的强化、课程体系的革新、师资队伍的壮大以及实践平台的多样化建设，共同织就了一张促进创新思维与创业能力培养的网络。然而，教育理念的转变、师资结构的优化、资源的均衡配置及科学评价体制的建立，仍是摆在面前亟待解决的课题。在成就与挑战并存之际，深入剖析现状，精准施策，方能持续推动我国高校创新创业教育向更高质量发展迈进。

1. 体系建设现状概述

当前，我国高校创新创业教育体系的构建已步入快车道，展现出蓬勃发展的态势，具体表现在以下几个方面：

（1）制度保障

高等教育机构普遍认识到创新创业教育的战略意义，积极响应国家号召，将创新创业教育纳入学校整体发展规划之中，制定了详细的实施路径。许多高校不仅出台了专门的创新创业教育政策文件，明确了发展目标、具体任务和实施策略，还建立健全了相应的管理制度和激励机制，为创新创业教育的持续健康发展提供了坚实的制度保障。

（2）课程体系

课程体系的构建是创新创业教育的基石。近年来，高校在课程设置上进行了大胆创新，不仅丰富了通识教育中的创新创业相关课程，还在专业教育中融入了创新思维和创业实践的内容，形成了一套层次分明、内容全面的课程体系。此外，随着信息技术的发展，越来越多的高校利用在线教育平台，推出大规模开放在线课程（MOOCs）和小规模限制性在线课程（SPOCs），实现了线上线下教育资源的互补与融合，极大拓展了学习的时空边界。

（3）师资队伍建设

师资是创新创业教育的关键。为了提升教学质量，各高校采取多种措施加强师资队伍建设，包括从企业界引进具有丰富实践经验的创业导师，邀请行业专家定期开展讲座，以及对校内教师进行系统培训，鼓励其参与企业实践，形成了一支由专职教师、企业家导师、行业专家组成的多元化师资队伍，有效提升了教学的实践性和针对性。

（4）实践平台建设

实践是检验创新创业教育成果的试金石。为此，各大高校纷纷建立了集创新创业实验室、创客空间、创业孵化器、校外实习基地等于一体的多元化实践平台，为学生提供从创意孵化、原型制作、市场验证到企业创办的全链条实践机会。这些平台不仅为学生提供了实战演练的舞台，还通过校企合作的方式，促进了产学研用的深度融合，增强了学生的市场适应能力和创业成功率。

2. 存在的问题与不足

尽管取得了显著成就,但高校创新创业教育体系的建设仍存在一些问题：

（1）教育理念滞后

部分高校在教育理念上未能完全摆脱传统应试教育的束缚，过于强调知识的灌输，而对培养学生的创新思维、批判性思维和创业精神重视不足，导致学生在面对复杂多变的实际问题时，缺乏足够的创新意识和解决能力。

（2）师资力量不足

尽管多元化师资队伍初具规模，但真正具备实践经验的创业导师仍然稀缺，且师资队伍在年龄结构、学科背景、实践经验等方面存在不均衡现象，制约了教学质量和效果的进一步提升。

（3）资源分配不均

受地域经济发展水平、高校自身条件等因素影响，优质的创新创业教育资源在不同地区、不同类型的高校间分布极不均衡，导致部分地区和院校的创新创业教育发展受限，影响了教育公平性和整体教育质量的提升。

（4）评价机制不完善：当前，创新创业教育成果的评价体系尚不健全，缺乏科学合理的评价标准和方法，难以准确衡量学生的创新创业能力和项目的实际价值，这在一定程度上抑制了师生参与创新创业活动的积极性和创造性。因此，建立一套既考虑过程又兼顾结果，既能反映学生创新创业能力又能评估项目社会经济影响力的评价体系显得尤为迫切。

1.2.2 社会资源与企业合作在创新创业教育中的融入情况

我国高校正以前所未有的开放姿态，积极探索社会资源的有效整合与企业合作的模式。政府的鼎力支持、企业的积极参与、金融资本的紧密对接以及校友资源的活力激发，共同编织了一张多元、立体的合作网络，为学生创新创业活动提供了丰沃的土壤。校企合作模式的不断创新，不仅强化了教育与实践的深度融合，而且在加速科技成果转化、优化人才培养模式上成效显著，为社会培养了一批批既具创新思维又有实战能力的未来领军者。这一系列举措，标志着我国高校创新创业教育正迈向一个资源共享、优势互补、协同创新的高质量发展新阶段。

1. 社会资源整合

随着创新创业教育重要性的日益凸显，我国高校在整合社会资源，构建开放协同的教育生态系统方面做出了积极努力，具体体现在以下几个方面：

（1）政府支持的充分利用

各级政府为推动创新创业教育的发展，出台了一系列支持政策，包括财政补助、税收优惠、场地提供等。高校通过申请政府项目、参与政府主导的创新创业平台建设，有效利用这些资源，为学生创业团队提供启动资金、办公空间和法律咨询等服务。政府的支持不仅减轻了创业初期的成本负担，也为项目提供了宝贵的政策指导。

（2）企业合作的深化

高校与企业的合作是创新创业教育的重要支撑。通过共建研发中心、技术创新联盟、实习实训基地等形式，企业直接参与到学校的教学活动中，不仅提供资金支持，还引入最新的行业知识、技术和市场信息，使学生能够接触到最前沿的商业实践。同时，企业导师制度的建立，让经验丰富的行业专家参与到教学过程中，为学生提供项目指导和职业规划建议。

（3）投资机构的密切对接

为了促进学生创业项目的成长，高校积极与天使投资、风险投资等金融机构建立合作关系，搭建投融资对接平台。通过定期举办路演、创业大赛等活动，帮助有潜力的项目获得资本关注，解决初创期的资金难题，加速项目成长和市场扩张。

（4）校友资源的有效动员

校友网络是高校不可忽视的宝贵资源。通过组织校友讲座、创业分享会，邀请成功校友回校交流，不仅为在校生提供了学习成功经验和失败教训的机会，还促成了实习、就业乃至创业项目的合作，构建了互帮互助的校友创业生态圈。

2. 校企合作的模式与效果

校企合作作为推动高等教育与经济社会发展深度融合的重要桥梁，正展现出前所未有的活力与成效。这一合作模式超越了传统教育与产业之间的简单联结，构建了一个互惠共赢、协同创新的生态系统。

（1）多元化的合作模式

当前，校企合作在模式上不断创新，涵盖了共建实验室、联合技术研发、实习实训基地、订单式人才培养、设立专项奖学金等多个方面。这些模式不仅丰富了教学资源，也加深了理论学习与实际应用的结合。

掌胜科技集团有限公司与南宁学院校企合作签约挂牌仪式

（2）实践教学效果显著提高

企业直接参与课程设计与教学活动，使得教学内容更加贴近市场实际需求，增强了学生的实践操作能力和问题解决能力。通过参与企业的真实项目，学生能够提前适应职场环境，显著提高了就业竞争力。

（3）科技成果转化加速

校企合作为科研成果的快速转化提供了有效路径。企业凭借其市场敏感度和产业化能力，能够迅速将高校的科研成果转化为生产力，形成新的经济增长点。同时，这一过程也为学生提供了将创新想法转化为商业实践的平台，降低了创业门槛。

（4）人才培养模式得到创新

企业导师制、项目驱动学习等新型人才培养模式的引入，打破了传统教育的界限，促进了学生创新能力与职业素养的同步提升。通过与企业的紧密合作，高校能够根据行业需求灵活调整教学内容和方法，实现教育与产业的无缝对接，为社会输送更多适应未来发展需求的复合型人才。

社会资源的整合与校企合作的深化，已成为推动我国高校创新创业教育高质量发展的重要驱动力，不仅有效提高了教育质量，还加速了科技成果的转化，促进了人才的创新能力和就业竞争力的双重提升。

1.2.3 对学生参与度与创新创业成果的统计分析

我们将直接审视与分析当前高校学生参与创新创业教育的程度及其实效，聚焦两个核心方面，一是学生参与度的多维度表现，二是创新创业教育所带来的具体成果。通过课程选修、大赛参与及实践活动的广泛参与度数据，揭示学生主体对创新与创业的高涨热情及深度介入。同时，借助翔实的数据统计与分析，展现创业项目数量的增长、成功率的提升以及社会经济效益的显现，力证创新创业教育在激发学生潜能、促进成果转化与社会进步方面的显著成效。这一分析旨在为理解创新创业教育的实践成效提供实证基础，进一步探讨教育模式优化与支持策略的方向。

1. 学生参与度的分析

近年来，随着国家政策的积极引导和社会环境的持续优化，高校学生对创新创业教育的参与度显著提升，呈现出多维度、深层次的参与特征，具体表现在：

（1）课程选修率上升

反映学生主动学习意愿的创新创业课程选修率持续走高，这一趋势不仅体现在传统商科、工科专业，还逐渐渗透到人文、社科等领域，显示出学生群体对创新思维和创业技能的普遍追求。课程内容的多样化，如创业基础理论、创新方法论、商业模式设计等，满足了不同兴趣和需求的学生，促进了跨学科知识的融合与应用。

（2）创业大赛参与度高

各类国家级、省级乃至校级的创新创业大赛吸引了大批学生积极参与，不仅报名数量连年攀升，而且参赛项目的创新性、技术含量以及市场潜力均表现出较高水准。这些赛事成为学生检验创意、展现才华、获取反馈的宝贵平台，激发了学生的竞争意识和团队协作能力。

（3）创业实践活动广泛

学生主动参与创业社团、工作坊、创业训练营等实践活动，通过模拟创业、实地考察、导师辅导等多种形式，将理论知识转化为实践行动。学生申报并参与的创新创业项目数量逐年递增，这些项目往往聚焦于解决社会热点问题，如环保、健康、智能科技等，体现了学生对社会责任的担当。

2. 创新创业成果的统计与评价

在学生参与度提升的基础上，我国高校创新创业教育取得了显著成果，具体表现在：

（1）创业项目数量增长

统计数据显示，每年由大学生发起的创业项目数量呈稳步增长态势，其中不乏具有原创性和市场潜力的高质量项目。不少项目在技术或商业模式上实现了创新突破，赢得了行业认可，部分项目还成功申请到专利授权、软件著作权等知识产权保护，为后续的商业化进程奠定了坚实基础。

（2）创业成功率提高

随着创新创业教育体系的不断完善，以及创业指导、资金支持、政策优惠等外部环境的优化，大学生创业项目的成功率较以往有了明显提升。这体现在项目存活周期延长、市场份额扩大、盈利能力增强等方面，说明教育与实践的结合更加紧密，学生的创业实践能力得到有效提升。

（3）社会经济效益显著

部分脱颖而出的创业项目不仅在经济上取得了成功，更在解决社会问题、创造就业机会、促进产业升级等方面发挥了重要作用。这些创业项目通过技术创新或模式创新，有效改善了人们的生活质量，带动了地方经济的发展，甚至在全球范围内产生了影响力，彰显了创新创业教育在推动经济社会发展中的重要作用。

学生参与度的提升与创新创业成果的丰硕，共同构成了我国高校创新创业教育的繁荣景象，不仅展现了教育改革的成效，也预示着未来社会创新力和经济活力的持续增强。

1.3 我国应用型高校在创新创业教育中的作用和地位

1.3.1 应用型高校在国家创新体系中的角色定位

应用型高校作为衔接教育与产业的桥梁，其核心职责在于培养适应社会需求的实用型人才，推动科技成果转化，并引领区域创新。通过与行业紧密合作的教学模式、科研成果转化平台的搭建，以及对区域发展的深度参与，应用型高校在国家创新体系中扮演着人才培养基地、科技成果转化引擎及社会创新服务先驱的多重角色，对国家创新力的提升和经济社会发展产生深远影响。

1. 应用型高校的定位与使命

应用型高校作为高等教育体系中的重要组成部分，其核心定位在于培养能够直接对接社会需求、适应行业发展的应用型和技术技能型人才。在当前创新驱动发展战略的大背景下，这类高校的角色与使命被赋予了新的内涵和更高的期待。

（1）与行业紧密合作

应用型高校通过构建以市场需求为导向的课程体系，强化实践教学环节，与行业企业深度合作，建立实习实训基地，以及引入具有丰富实践经验的行业导师，致力于培养学生的创新思维、实践能力和创业精神。学生不仅掌握扎实的专业知识，更能在解决实际问题的过程中锻炼创新实践能力，成为适应未来经济社会发展需求的复合型人才。

（2）科技成果转化平台

依托自身的学科优势和科研积累，应用型高校积极构建产学研用协同创新机制，通过技术许可、作价入股、共建研发中心等形式，促进科研成果向产品和服务转化，加速科技成果产业化进程。这一平台不仅促进了高校科研资源的有效利用，还为企业技术创新提供了强大动力，推动了地方经济转型升级。

（3）深度参与区域发展

应用型高校通过建立科技服务平台、创新中心和智库机构，主动对接区域发展需求，为地方政府提供战略咨询、产业规划、政策建议等服务，同时开展面向社会公众的科普教育和继续教育，提升全民科学素质，引领和推动区域创新文化的形成与发展。

2. 对国家创新体系的贡献

应用型高校以其独特的定位和功能，在国家创新体系中扮演着不可或缺的角色，其贡献主要体现在以下几个方面：

（1）输送创新人才

通过系统的创新创业教育和实践训练，应用型高校为国家输送了一大批具有创新意识、具备解决复杂问题能力的专业人才，这些人成为推动各行各业技术创新、管理创新和服务创新的中坚力量，为国家创新体系提供了人才保障。

（2）促进科技成果转化

通过构建高效的科技成果转化机制，应用型高校成为连接科研成果与市场的桥梁，缩短了成果从实验室到市场的距离，加速了新技术、新产品、新业态的出现，为产业升级和经济结构调整提供了强大的科技支撑。

（3）服务区域创新发展

应用型高校紧密围绕区域经济社会发展的实际需求，与地方政府、产业园区、行业协会等建立紧密的合作关系，通过共建创新平台、开展联合研发项目、提供技术服务和智力支持等方式，有效解决地方产业发展中的关键技术难题，推动区域创新体系的构建与完善，增强了区域的整体创新能力和竞争力。

应用型高校在国家创新体系中扮演着创新人才培养的摇篮、科技成果高效转化的加速器，以及区域创新生态构建的引领者的多重角色，其独特的定位和功能对于提升国家整体创新能力、促进经济社会高质量发展具有重要意义。

1.3.2 应用型高校创新创业教育的特色与优势

聚焦于创新创业教育，应用型高校凭借产教深度融合、实践导向的教学、地方服务导向的项目开发以及协同育人的机制创新，构建了其独特的教育特色。这些特色不仅强化了学生的实践能力与市场适应性，还促进了教育与市场需求的精确对接。在教育优势的实践中，通过精准的市场对接、丰富的实践资源、技术与创新思维的融合教育，以及全面的创新创业支持体系，应用型高校有效提升了学生的创新创业能力，加速了项目孵化，为社会培养了大批具备创新精神和实践技能的复合型人才。

1. 教育特色的分析

应用型高校在创新创业教育领域，凭借其独特的教育模式和资源配置，展现出了与众不同的特色，这些特色构成了其教育体系的核心竞争力。

（1）产教深度融合

应用型高校的一大特点是其与产业界的紧密联系，通过与行业企业共建实习实训基地、研发中心、协同创新中心等，将产业的最新需求、技术动态和实践经验直接融入课程体系与教学内容，确保教育内容的前沿性和实用性，实现了教育与产业需求的无缝对接。

（2）实践导向的教学模式

区别于传统理论导向的教学，应用型高校更加强调“做中学”，通过模拟公司运营、企业项目实操、创业沙盘模拟演练等多元化实践教学活动，使学生在实践中学习，在学习中实践，有效提升其解决实际问题的能力和创新应用技能。

（3）地方服务导向的项目开发

紧密结合所在地区的经济社会发展特点，应用型高校引导学生关注地方特色产业和市场需求，鼓励开展具有地域特色的创新创业项目，不仅促进了地方经济的创新发展，也使学生的学习与实践更加接地气，增强了教育的针对性和实用性。

（4）协同育人的机制创新

通过构建校企合作的双师型教师队伍，共同参与课程设计、教学活动和项目指导，应用型高校实现了教育资源的优化配置和共享，形成了一种学校、企业、政府和社会各界共同参与的协同育人机制，为学生提供了更广阔的学习和成长空间。

2. 教育优势的发挥

应用型高校在创新创业教育中的优势，不仅体现在特色教育的构建上，更在实际运行中发挥出显著的效果，具体体现在以下几个方面：

（1）精准对接市场需求

通过与企业深度合作，应用型高校能够准确捕捉市场动态，使创新创业教育内容与行业需求保持高度一致，培养出的人才能够更快适应市场，满足行业发展的需要。

（2）丰富的实践资源支撑

凭借广泛的校企合作网络，应用型高校拥有大量实践基地和企业项目资源，为学生提供了宝贵的实践机会，让学生在真实的工作环境中历练，增强解决实际问题的能力和提高了商业敏感度。

（3）强化技术技能与创新思维的融合

在专业教育中嵌入创新创业课程，不仅加强了学生在特定领域的技术技能培养，还通过跨学科项目、创新工作坊等形式，激发学生的创新思维，为技术驱动的创业活动提供了坚实的技能基础。

（4）构建全面的创新创业支持体系

应用型高校整合各方资源，为学生创新创业提供从创意萌芽到项目落地的全过程支持，包括创业指导服务、创业基金、孵化基地、政策咨询等，有效降低了创业门槛，提高了创业项目的成功率和可持续性。

总之，应用型高校通过其独特的教育特色和优势，在创新创业教育领域展现出强大的生命力和竞争力，不仅为学生提供了全面而实用的教育体验，也为社会培养了一批批具有创新精神和实践能力的复合型人才，为促进经济社会发展和创新体系的建设做出了重要贡献。

1.3.3 应用型高校推动区域经济发展的典型案例

下面通过两则生动的实践案例，展现应用型高校如何成为区域经济增长的强力引擎。一方面，通过“大学科技园”模式，实现产学研深度融合，不仅加速科技成果转化，还直接助力区域高新技术产业升级；另一方面，聚焦现代农业技术技能人才培养，与地方农业产业紧密联动，推动农业现代化进程，带动农村经济繁荣。这两则案例深刻揭示了高校与地方经济共生共赢的发展路径。

大学科技园

1. 典型案例的介绍

通过对案例的深入分析，我们提炼出应用型高校服务区域发展的关键策略，强调了教育与产业深度对接、构建一体化创新平台、深化校企合作机制以及鼓励师生积极参加社会实践的重要性，为同类高校提供了可借鉴的模式与经验。

【案例一】

大学科技园模式下的产学研深度融合

某应用型大学与地方高新技术开发区携手，共同创建了一个集教学、研究、孵化于一体的“大学科技园”。该园区内设有创新创业学院，作为培养学生创新思维和创业能力的摇篮；技术研发中心，专注于高新技术的研发与改进；企业孵化基地，则为初创企业提供成长的温床。这一合作模式不仅为园区内的高新技术企业和创业团队提供了优良的物理空间和研发条件，而且构建了“教学—科研—孵化—产业化”的闭环系统，有效促进了校内科研成果的快速转化，加速了高新技术产品的市场化进程。通过这一模式，不仅提升了学校的科研实力和创新能力，还直接推动了地方高新技术产业的快速发展，为区域经济注入了强劲的动力。

【案例二】

现代农业技术技能人才培养与农业现代化推进

另一应用型高职院校，紧密围绕当地特色农业产业，精心设计并开设了与之相关的专业课程，致力于培养懂技术、会经营的现代农业技术技能人才。该校与地方农业企业、合作社建立了长期稳定的合作关系，共同建立了校外实训基地，让学生在真实的农业生产环境中接受实践教学，亲身体验从种植到收获的全过程。在此基础上，学校积极鼓励师生参与农业技术创新和创业项目，如推广新型农业种植技术、开发农产品电商平台等，这些举措不仅增强了学生的实践能力和创新能力，还直接促进了地方农业的现代化转型，提高了农产品的附加值，带动了农村经济的增长和农民收入的提高。

2. 案例的经验与启示

从案例中汲取的经验，不仅强调了高校应如何精准定位以匹配地方需求，还展示了如何通过构建综合性合作平台，加速科技与经济的融合，以及如何通过激励机制激发师生潜力，促进区域社会经济的全面发展。这些宝贵经验为推动高等教育与区域经济的协同发展提供了新视角与实操策略。

（1）深度对接地方产业

两个案例均强调了应用型高校应当深入理解并积极响应地方产业需求，将产业需求作为人才培养和科研活动的导向，通过精准匹配教育内容与地方产业实际，实现教育链、人才链与产业链的深度融合，为区域经济的转型升级贡献力量。

（2）构建“政产学研用”一体化平台

通过案例可见，构建包含政府、高校、企业、研究机构和用户在内的“政产学研用”一体化平台，是加速科技成果产业化、促进经济发展的有效途径。通过这些平台，可以更高效地整合资源，推动技术创新与市场需求的快速对接，加速科技成果向现实生产力的转化。

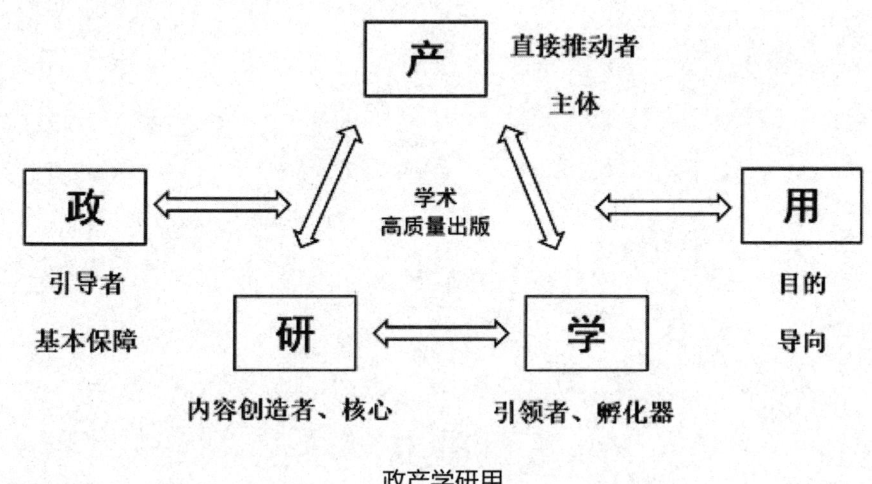

政产学研用

（3）强化校企深度合作

案例中提到的校企共建大学科技园、产业学院等模式，证明了强化校企合作在提升学生就业竞争力和创业成功率方面的巨大作用。通过这种合作，学生能够更早地接触行业前沿，提升专业技能，同时企业也能提前锁定所需人才，实现双赢。

（4）鼓励师生服务地方

通过政策激励和奖励机制，鼓励高校师生积极参与地方服务，不仅能够充分发挥高校的智力资源，解决地方实际问题，还能增强师生的社会责任感和实践能力，形成高校与地方社会经济发展的良性互动，共同促进区域经济社会的全面进步。

第 2 章　创新创业教育对应用型高校提出的新要求

第 2 章　创新创业教育对应用型高校提出的新要求

2.1 创新创业教育对课程体系的要求

2.1.1 课程体系的跨学科整合与模块化构建

在当今快速演变的知识经济时代，对创新创业课程体系的现代化重构已成为教育领域的迫切课题。我们正处于一个前所未有的交汇点，亟须强调跨学科整合的至关重要性与推行模块化构建的前瞻策略。这一革新之举，旨在突破传统学术藩篱，构筑起一座桥梁，引领学生遨游于多元知识的海洋，培养其在复杂环境中穿梭自如的跨界思维与综合解决问题的能力。

通过这番深刻的体系革新，我们力求颠覆陈规，不再局限于单一学科的狭隘视角，而是鼓励思想的自由碰撞与融合，激发创新潜能。模块化课程设计，则如同精心编排的乐章，每个模块作为独立而又相互关联的部分，不仅确保了课程结构的灵活性与适应性，还精准针对学生个性化学习需求，为他们铺设一条从理论认知到实践探索的宽广大道。

1. 跨学科整合的必要性

在当前快速变化的创新生态中，创新创业教育已不再局限于单一学科领域，而是要求教育体系能够适应复杂的现实挑战，培养能够跨越传统学科界限的创新者。跨学科整合成为必然趋势，其必要性体现在以下几个方面：

（1）应对复杂问题

创新创业活动往往需要解决的是社会、经济和技术交织的复杂问题，这些问题的解决不能仅依赖单一学科的视角和方法。跨学科整合的课程体系能够帮助学生构建多维度的思维框架，更好地理解问题的本质，提出创新解决方案。

（2）培养复合型人才

随着产业边界的模糊化和新兴行业的涌现，市场对具备跨领域知识和技能的复合型人才需求日益增加。跨学科整合的课程设计能够打破传统的学科壁垒，促进学生在不同知识体系间的自由穿梭，培养其在多领域协同工作的能力。

（3）激发创新灵感

学科间的交叉融合为创意的产生提供了丰富的土壤。不同知识体系的交汇点往往是创新思维的爆发点，跨学科课程能够促进学生思维的跳跃，鼓励他们从不同角度审视问题，从而激发新的创意和解决方案。

2. 模块化构建的具体策略

模块化构建是实现课程体系灵活适应和高效组织的有效途径，它根据创新创业教育的不同需求，将课程内容分割成多个相互关联而又相对独立的模块，具体策略包括：

（1）基础模块

这是整个课程体系的基石，旨在为学生构建创新创业的基本理论框架，内容涵盖创新创业的基本概念、法律法规、商业伦理与社会责任等，为学生打下坚实的理论基础。

（2）专业模块

基于不同专业的特性，设计与专业领域紧密结合的创新创业课程。例如，在工程技术领域开设技术创业模块，探讨技术创新与商业化路径；在艺术设计领域开设艺术创新模块，探索创意设计与市场结合的模式；在社会科学领域开设社会创新模块，关注社会问题解决与公益创业。这一模块的目的是让学生能够在专业领域内发掘和利用创新创业机会。

（3）技能模块

侧重于提升学生的实际操作能力，涵盖商业策划书撰写、市场调研与分析、财务管理、团队管理和领导力培养等关键技能。通过这些课程，学生能够掌握创新创业过程中的核心工具和技巧，增强实践能力。

（4）实践模块

强调“学以致用”，通过模拟创业、参与创业竞赛、实习实训、实际创业项目运作等多种形式，让学生在真实或接近真实的环境中体验和学习。这一模块的目的是让学生在实践中学习和反思，通过实际操作深化理论认识，提升解决问题的能力，增强创业信心。

跨学科整合与模块化构建的课程体系，旨在通过系统性、针对性的教学安排，培养学生的跨学科思维、专业创新能力、实践操作技能以及应对复杂情境的能力，为未来的创新创业之路奠定坚实的基础。

2.1.2 创新创业课程的层次划分与学分设置

层次化的课程设计与科学的学分配置是提升创新创业教育效率的关键。从通识到专业，再到进阶课程的精心布局，旨在适应不同阶段学生的需求，而合理的学分设置则激励学生积极参与，确保理论与实践学习的均衡，为学生创新创业能力的全面提升奠定基础。

1. 课程层次的划分

创新创业教育作为一种综合性的教育模式，其课程体系的构建需充分考虑学生的认知发展与能力成长的阶段性特征，通过层次化的课程设置，实现从意识启蒙到实践深化的全面提升。具体层次划分如下：

（1）通识课程

作为创新创业教育的基础，通识课程面向全校所有学生开放，旨在普及创新创业的基本理念、法律法规、市场环境等知识，激发学生的创新思维与创业兴趣。此类课程通常包含创业基础、创新方法论、商业伦理等，通过理论讲授与案例分析相结合的方式，培养学生形成初步的创新创业意识，为后续学习打下坚实基础。

（2）专业课程

在此层次，课程设计紧密结合各专业特色，旨在深化学生在专业领域内的创新创业理论知识与实践技能。例如，工程技术类专业可能开设技术创新与产品开发课程，而管理类专业则可能重点讲解创业管理与市场营销策略。通过将创新创业教育与专业教育深度融合，促进学生在专业领域内发掘创新点，提升解决实际问题的能力。

（3）进阶课程

针对那些已具备一定创新创业基础，有明确创业意向或已启动创业项目的同学，进阶课程提供了更为深入和个性化的指导。课程内容可能包括高级创业策略、商业模式优化、资本运作与风险管理等。同时，采用项目指导、导师制、创业模拟或实地考察等多种教学形式，强化学生的实践能力，帮助他们应对创业过程中的复杂挑战。

2. 学分设置的合理性

为确保创新创业教育的有效实施，学分设置需遵循科学合理的原则，既要突出创新创业教育在人才培养中的重要性，也要考虑到学生整体学业负担的平衡。

（1）学分权重

鉴于创新创业教育对于提升学生综合素养和职业竞争力的重要作用，高校应适当提高这类课程在总学分中的比重，明确传达其在教育体系中的核心价值，鼓励学生积极参与。

（2）学分结构

在整体学分框架内，应依据课程层次与性质，合理分配各层次课程的学分数。通识课程作为入门课程，应保证一定的基础学分；专业课程则依据专业要求设定，确保专业知识与创新创业能力的融合；进阶课程虽面向特定群体，但也应设置足够的学分以支持深度学习与实践。通过这样的结构设计，实现课程体系的均衡发展。

（3）学分认定

为了激励学生的积极性和创造性，高校应建立灵活的学分认定机制，对参与创新创业竞赛、完成创新项目、获得创业成果的学生给予额外学分奖励或替代学分政策。这种正向激励机制不仅能有效调动学生的参与热情，还能促使学生将理论知识应用于实践，实现个人能力的实质性提升。

层次化的课程设计与合理化的学分设置是创新创业教育体系构建的两大支柱，它们相辅相成，共同促进了学生创新创业能力的全面发展，为培养适应新时代需求的创新型人才提供了坚实的基础。

2.1.3 实践类、理论类创新创业课程的合理比例与衔接

优化实践与理论课程的比例，强调实践在创新创业教育中的核心地位，同时确保理论的坚实支撑。通过精细设计课程衔接策略，实现从理论到实践的平滑过渡，构建一个既强化实践操作又深化理论理解的教育模式，为学生创新创业之旅铺就坚实而全面的教育道路。

1. 实践类与理论类课程的比例

在创新创业教育体系中，合理配置实践类与理论类课程的比例，对于培养学生的综合能力至关重要。理想的课程配置应当以增强学生的实践能力和创新思维为核心目标，具体建议如下：

（1）实践课程占比

鉴于创新创业的本质在于实践，建议实践类课程至少占创新创业课程总量的 50%。这些课程包括但不限于创业实训、项目管理实践、商业模拟竞赛、创业项目孵化等。通过这些实践活动，学生能够将理论知识转化为实际行动，学会在真实或仿真的商业环境中识别机会、解决问题、管理风险，从而提升其市场适应能力和项目执行能力。

（2）理论课程占比

理论类课程约占总课程的 40%，包括创新创业基础理论、专业领域内的创新方法、创业财务管理、市场分析与营销策略等。这些课程为学生构建起坚实的理论基础，帮助他们理解创新创业的基本原则、流程和策略，为实践活动提供理论指导和分析工具。

（3）研讨与讲座占比

剩余的 10% 可以安排为创新创业专题研讨、企业家讲座、行业论坛等互动性强、启发思维的活动。这类活动不仅能够拓宽学生的行业视野，激发

创新灵感，还能通过与业界专家和成功创业者的直接交流，让学生了解最新行业动态，学习成功经验，进一步提升其创新意识和创业信心。

2. 课程衔接的策略与实践

为了确保学生在创新创业学习过程中能够顺利过渡，从理论到实践、由浅入深地构建知识体系，课程衔接策略至关重要，具体实施策略包括：

（1）课程内容衔接

在课程体系设计上，需精心规划课程内容，确保各门课程知识点之间的逻辑性和连续性。例如，先教授基础理论，再通过案例分析深化理解，最后通过实践项目让学生亲手操作，形成“理论—案例—实践”的递进学习路径。

（2）教学方法衔接

采用多元化教学方法，如项目式学习、案例分析、角色扮演等，将理论教学与实践操作紧密相连。在理论课程中穿插实践案例分析，让学生在分析讨论中深化理论认识；在实践课程中引入理论回顾，帮助学生在实践中反思理论的应用，实现理论与实践的双向互动。

（3）实践环节衔接

建立系统的实践教学体系，从低年级的基础实践、中年级的专业实践到高年级的综合实践，形成循序渐进的实践链条。通过校企合作、校内外实训基地、创业孵化器等平台，为学生提供从模拟到真实的实践机会，使学生在不同阶段的实践中不断巩固和提升理论知识与技能，最终达到综合运用所学解决复杂问题的能力。

通过上述策略的实施，可以有效促进理论与实践的深度融合，构建起既有深度又有广度的创新创业教育体系，为培养具有创新精神和实践能力的复合型人才提供坚实保障。

2.2 创新创业教育对教师队伍的要求

2.2.1 教师队伍的“双师型”建设与激励机制

关注构建“双师型”教师队伍的核心作用与激励体系的构建，旨在通过融合理论与实践的师资力量，为创新创业教育提供坚实基础。通过明确“双师型”教师的定义与价值，探索如何通过职称评审倾斜、薪酬待遇提升与职业发展支持等激励措施，促进教师队伍向理论深厚与实践丰富的方向发展，为学生创新创业能力的培养提供强有力的支持。

“双师型”教师

1. “双师型”教师的定义与重要性

“双师型”教师是指在高等教育和职业教育领域中，兼具深厚学术理论功底与丰富行业实践经验的教育工作者。这类教师不仅精通理论教学，还拥有在企业、行业一线的实际工作经验，能够在教学过程中实现理论知识与实践应用的无缝对接，对于提升教育质量和促进学生全面发展具有不可估量的价值。

（1）理论与实践融合

“双师型”教师能够将抽象的理论知识与具体的实践经验相结合，通过案例分析、项目实践等方式，使教学内容更加生动、具体，帮助学生更好地理解理论原理，并掌握如何在实际情境中应用这些知识，从而增强教学的实用性和有效性。

（2）指导实践能力强

由于具备行业背景，“双师型”教师能够为学生提供贴近实际的指导，尤其是在创新创业教育中，他们能够基于自身经历，传授解决实际问题的策略和方法，有效提升学生的实践操作能力和创新创业项目的可行性，为学生进入社会前提供宝贵的实践经验。

（3）对接产业需求

“双师型”教师由于与产业界保持着密切联系，能够准确把握行业发展趋势和市场需求，将这些信息及时融入教学内容和课程设计中，确保教育内容与时俱进，培养出符合社会和企业需求的高素质人才。

2. 激励机制的设计与实施

为促进教师队伍向“双师型”方向发展，构建合理的激励机制显得尤为重要。这不仅能够吸引和留住优秀人才，还能激发教师队伍的创新活力和教学热情。

（1）职称评审倾斜

在教师职称评审体系中，明确将企业工作经历、主持或参与创新创业项目等实践经历作为重要的评价指标，为“双师型”教师提供晋升的绿色通道，比如设立专门的“行业导师”“实践型教授”等职称序列，或在同等条件下给予优先晋升的机会。

（2）薪酬待遇提升

建立绩效挂钩的薪酬体系，对在创新创业教育中表现突出、成绩显著的“双师型”教师给予物质奖励，如增设“创新创业教学成果奖”、提高课时费标准、设立专项奖金等，以此来体现对其贡献的认可和激励。

（3）职业发展支持

为“双师型”教师提供持续的职业发展机会，包括国内外访学、行业培训、企业挂职锻炼等，帮助他们不断更新知识结构，提升专业技能和教学水平。同时，建立“双师型”教师交流平台，促进教师之间的经验分享与合作，形成良好的学习与成长氛围。

通过明确“双师型”教师的重要地位，以及实施一系列科学合理的激励措施，可以有效推动教师队伍的转型与升级，为培养适应新时代要求的创新创业型人才提供强有力的师资保障。

2.2.2 创新创业导师的选拔、培训与考核标准

聚焦于创新创业导师的选拔严谨性、培训的系统性与考核的科学性，旨在建立一套高标准、高质量的导师队伍管理体系。从导师选拔的严格标准与

公正程序出发，到培训内容与方法的精心设计，再到考核标准的全面考量，确保导师团队能够高效地指导学生，推动创新创业教育质量的持续提升。

1. 导师选拔的标准与程序

在构建创新创业教育生态系统中，导师团队的质量直接影响着学生的创新意识培养与创业能力提升。因此，创新创业导师的选拔需遵循严格且细致的标准与程序，以确保选出既能传授理论知识，又能提供实践指导的优质导师。

（1）理想的创新创业导师应具备以下特质与资质

①丰富创业经验：具有成功的创业经历或在企业中担任过重要职务，能够传授实践经验；

②较高理论素养：掌握创新创业领域的前沿理论，能将理论与实践有效结合；

③良好职业道德：遵守学术规范，具备高尚的职业操守，能够成为学生的榜样；

④指导与沟通能力：擅长指导学生项目，具备高效的沟通技巧，能激发学生的创新思维。

（2）确保选拔的公正性与透明性，选拔流程通常包括以下条件

①公开征集：通过校园网、行业媒体等渠道发布招募信息，吸引符合条件的候选人；

②资格审查：根据设定的标准，对申请者的学历、经验、成果等进行初筛；

③专家评审：组建由行业专家、资深教师等组成的评审委员会，进行面试或项目评审；

④公示：对拟聘任名单进行公示，接受公众监督，确保选拔的公平公正。

2. 培训内容的设置与方法

为了不断提升导师队伍的专业水平与指导能力，系统化的培训不可或缺，内容与方法需精心设计。

（1）培训内容应全面覆盖

①创新创业理论：包括最新的创业理论、商业模式创新等；

②教学方法：包括案例教学、项目驱动学习、翻转课堂等现代教学法；

③指导技巧：包括如何有效指导学生团队、评估项目潜力等；

④心理辅导：掌握学生心理辅导技巧，帮助学生克服创业过程中的心理障碍；

⑤政策解读：了解国家及地方创新创业相关政策，指导学生合理利用政策资源。

（2）采用多样化的培训方式，以增强培训效果

①集中培训：组织封闭式培训班，系统讲授理论知识；

②工作坊与研讨会：通过小组讨论、案例分析，促进经验交流与实践反思；

③实地考察：参观成功企业、创业孵化器，直观感受创新创业环境；

④在线学习：利用MOOC、网络研讨会等线上资源，灵活学习，拓宽视野。

南宁学院"阅读促学"研讨会

3. 考核标准的制定与执行

为确保导师队伍的持续优化与质量提升，建立科学的考核体系是关键。

（1）考核指标应全面反映导师的指导成效与综合素质

①指导成果：学生创业项目的成功率、获得的奖项及资助情况；

②学生反馈：通过问卷调查、访谈等方式收集学生对导师指导的满意度；

③教学态度：授课的积极性、责任心及对学生个性化需求的关注；

④学术贡献：相关论文、出版物、学术报告等；

⑤社会影响力：导师及其指导项目的社会认可度、媒体报道等。

（2）考核应成为常态机制

①定期考核：每年或每学期进行一次综合考核，跟踪导师的成长与贡献；

②结果应用：考核结果作为导师续聘、职位晋升、绩效奖励的重要参考依据，激励导师不断地提升自我，同时确保导师队伍的活力与质量。

2.2.3 引入行业专家与企业家参与教学的策略

在创新创业教育的广阔天地间，行业专家与企业家以其独特的实践经验与前瞻性视野，成为教育创新不可或缺的力量。本部分内容致力于深挖这一宝贵资源的独特价值，并探索行之有效的合作路径，旨在通过多元化的合作模式、清晰界定的合作架构，以及相应的激励政策措施，搭建一座教育与产业紧密联结的桥梁。

我们深知，将业界的鲜活血液注入教育体系，意味着将实战淬炼的经验、深度的产业洞察，以及丰富的资源网络直接呈现在学生面前，为他们开启一扇通向真实商业世界的窗口。通过模拟实战项目、企业导师制、实习实训基地共建等多种形式的合作，我们不仅加速了理论知识与实践经验的深度融合，更是在学生心中播下了创新的火种，点燃了创业的梦想。

更为重要的是，这样的深度融合策略，构建了一种共生共赢的教育生态，使得教育与产业界能够协同进化，及时响应市场需求，共同塑造适应未来挑战的创新创业人才。在此背景下，我们探索的不仅是一种教育模式的革新，更是为社会输送具有市场竞争力、能够引领时代潮流的新型人才开辟了一条充满希望的新路径。

1. 行业专家与企业家参与的价值

在创新创业教育体系中，行业专家与企业家的参与不仅为教学内容带来了新鲜血液，更是连接理论与实践、校园与市场的关键纽带，其价值体现在多方面：

（1）实战经验分享

行业专家与企业家凭借其在各自领域的深厚积累，能够将生动的实战案例融入课堂教学，使理论知识与实践操作紧密结合，帮助学生更好地理解抽象理论，掌握解决实际问题的方法，提升教学的实用性和吸引力。

（2）产业动态解析

作为行业前沿的亲历者和观察者，他们能够准确捕捉并解析行业发展趋势、技术革新动向和市场需求变化，为学生提供最新的市场信息，引导学生洞悉未来趋势，精准定位创新创业的方向，增强项目的市场适应性和竞争力。

（3）搭建资源对接桥梁

借助广泛的社会联系和行业资源，行业专家与企业家能够为学生搭建实习、就业乃至创业的平台，提供项目孵化、资金支持、市场推广等多方面的帮助，促进学生从校园到职场、从创意到创业的顺利过渡，实现教育与产业的无缝对接。

搭建资源对接桥梁

2. 合作策略的制定与实施

为有效引入并充分利用行业专家与企业家的资源，需制定周密的合作策略并付诸实施。

（1）合作形式的多样性

应根据行业专家与企业家的时间安排、专业特长及学校的实际需求，灵活设计合作形式，如定期举办行业前沿讲座、邀请企业家担任兼职讲师、指导学生创业项目、共同开发与行业紧密相关的课程，或是合作开展科研项目，以多样化形式深化合作内涵。

（2）明确的合作机制

建立清晰的合作机制是合作顺畅进行的保障。这包括明确双方的权利与义务、合作的具体内容、合作期限、知识产权归属及使用规则等，通过签订正式的合作协议，确保双方利益得到保护，合作过程规范有序。

（3）激励措施的实施

为确保行业专家与企业家持续参与并保持高度的积极性，学校应设计一套合理的激励体系。这不仅包括给予名誉上的认可，如颁发荣誉证书、授予客座教授或行业顾问称号，还应考虑物质激励，如提供合理的酬金补贴、资源共享（如图书馆资源、实验设施使用权等）、优先参与学校科研成果转化等优惠政策，从而形成持久的吸引力和动力机制。

通过科学制定并有效实施合作策略，不仅能够最大化地发挥行业专家与企业家在创新创业教育中的独特价值，还能进一步促进教育与产业的深度融合，为培养适应时代需求的创新创业人才提供强有力的支撑。

2.3 创新创业教育对学生能力的要求

2.3.1 学生创新思维与创业精神的培养路径

创新之火，照亮知识的边疆；创业之魂，铸就实践的勇气。我们旨在探索一条质朴而实效的道路，引领学子踏上创新思维与创业精神的培育之旅。我们从启发式课堂出发，鼓励学生勇敢探求未知世界，用好奇心的钥匙打开智慧之门。在此基础上，借助现代创新工具的磨砺，让学生学会把复杂问题拆解，步步为营，提升解决问题的实践技能。

理论是骨，实践是肉。我们强调将书本知识融入丰富多彩的实践活动，让学生亲自动手，把创意变成现实，体验从想法到产品每一步的艰辛与喜悦。此外，我们深知，坚实的内心与正确的价值导向是创业旅程不可或缺的指南针，因此，特别注重价值观的熏陶与心理韧性的锻造，让学生在挑战中成长，在失败中汲取力量。

通过模拟创业、实地考察乃至亲自涉足创业项目，学生得以全方位感受创业的真实脉动，从梦想家逐步成长为行动派。这一切努力，都是为了奠基未来，培养出一批批既能畅游于创新思维海洋，又能脚踏实地践行创业梦想的复合型人才。这，就是我们的培育之道——朴素却深刻，为每一份潜力铺设实现之阶。

1. 创新思维的培养方法

培养学生的创新思维，旨在激发其内在潜能，具备发现问题并创造新价值的能力。以下是几种有效的培养策略：

（1）启发式教学

采用开放式问题引导学生思考，通过小组讨论、辩论赛、案例分析等互动形式，鼓励学生从不同角度审视问题，挑战既有观念，从而培养批判性思维和问题解决能力。教师作为引导者，而非简单的知识传递者，应该激发学生的好奇心，鼓励他们自主探索未知领域。

（2）创新工具训练

系统性地引入创新思维工具，如思维导图帮助学生梳理复杂信息，构建系统性思维；六顶思考帽技术训练学生从不同视角审视问题，促进其全面思考问题；设计思维则引导学生从用户需求出发，通过快速原型制作、测试迭代等步骤，培养以用户为中心的创新解决方案设计能力。

（3）创新实践活动

创建一个鼓励尝试、容忍失败的环境，通过组织创新大赛、成立创新实验室、实施创新项目等形式，为学生提供将创意转化为实践的平台。这些活动不仅能让学生在实际操作中学习到创新过程，还能培养他们的团队合作能力、项目管理能力以及市场敏感度。

2. 创业精神的培育与实践

创业精神是推动社会进步和经济发展的重要力量，其培育需从价值观、心理素质及创业实践多方面入手。

（1）价值观塑造

在课程设计中融入创业成功案例分析，邀请企业家分享创业历程，利用校园文化活动宣传创新与冒险精神，以此来塑造正面的创业价值观。同时，强调诚信、责任、合作等核心价值，培养学生的社会责任感，树立可持续发展观念。

（2）心理素质培养

通过开设创业心理学课程，组织心理工作坊和一对一咨询，帮助学生建立正确的自我认知，提高情绪管理、压力调节的能力。此外，模拟创业决策场景，训练学生的快速反应和果断决策能力，增强其面对失败和挑战的韧性。

（3）创业实践锻炼

鼓励学生参与校内外的创业实训项目，如加入创业孵化器、参加创业沙盘模拟、实施微小型创业项目等，通过这些实践活动让学生亲身体验创业过程中的挑战与乐趣，学会在实践中学习和成长。同时，建立创业导师制度，为学生提供一对一的指导和反馈，帮助他们优化创业计划，提升商业运营能力。

创新思维与创业精神的培养是一个系统工程，需要教育机构从理论教学到实践操作，从个体心理到团队合作，全方位、多层次地加以落实，以期培养出既具备创新思维又富有创业精神的新时代人才。

2.3.2 学生团队协作与领导力提升的方法

在这里，我们专注于一件朴实无华却至关重要的事：如何让学生在团队中更好地携手合作，如何培养他们成为明日的领航者。通过组织丰富多彩的团队建设活动，让学生在游戏与挑战中学会倾听、信任与支持，让“我们”大于“我”。角色扮演和冲突管理技巧的培训，则像是一块磨刀石，砥砺他们解决分歧、协同工作的能力，让团队协作更加顺畅高效。

与此同时，我们不遗余力地引入领导力的理论学习，从古今中外的领导案例中汲取养分，结合实践机会与专业的训练营，一步步解锁学生的领导潜能。我们相信，真正的领导力是在实践中磨炼出来的，是在面对困难时的坚持，在带领团队前进时的智慧，在每一次决策中的果敢。

这一切，都是为了让我们的学生在未来，无论是在管理团队还是推进项目时，都能够稳稳地站在潮头，引领方向。在这里播下的每一颗关于协作与领导的种子，都将成为他们人生旅途中那座座坚实且明亮的灯塔，指引着他们向着高效领导者的目标稳步前行。

1. 团队协作的技巧与实践

团队协作能力是创新创业活动中不可或缺的软实力，通过一系列精心设计的活动和训练，可以有效提升学生的这一关键能力。

（1）团队建设活动

组织多样化且富有挑战性的团队建设游戏，如沙漠求生模拟、密室逃脱、团队接力等。这些活动要求参与者在限定时间内完成特定任务，从而在紧张而有趣的氛围中增强团队成员间的沟通、信任和协作。此外，通过跨学科团队项目，学生可以在解决复杂问题的过程中学习如何整合不同背景和技能，实现团队效能的最大化。

（2）角色扮演训练

模拟真实的创业或项目管理场景，学生轮流扮演项目经理、设计师、市场专员等角色，体验各自职责下的决策过程和团队互动。这种训练有助于学生理解团队中每个角色的重要性，学会尊重差异、协调资源，并在换位思考中增强团队凝聚力和协作效率。

（3）团队冲突管理

通过工作坊和研讨会，教授学生识别团队冲突的根源、类型，以及有效的冲突解决策略，如积极倾听、建设性反馈、协商调解等。结合案例分析，探讨如何通过有效的团队会议和决策机制预防冲突，以及在冲突发生时，如何引导团队达成共识，维持团队的和谐与动力。

2. 领导力的培养与提升

领导力是推动团队向前发展的核心驱动力，其培养需要理论学习与实践锻炼相结合。

（1）领导理论学习

系统介绍领导力理论框架，包括但不限于变革型领导、仆人式领导、情境领导等模型，以及领导力与团队绩效的关系。通过分析古今中外成功领导者案例，帮助学生理解不同领导风格的适用场景与影响，为个人领导风格的形成奠定理论基础。

（2）领导实践机会

为学生提供多样化的领导实践平台，如担任学生会、社团负责人，组织公益活动、学术研讨会或创业大赛等。这些实践活动使学生在实际管理、策划和执行中，面对挑战、承担责任，从而在实践中锻炼决策力、组织力和团队动员能力。

（3）领导力训练营

组织专业化的领导力训练营，通过高度互动的培训方式，如案例分析、角色扮演、情景模拟等，让学生在模拟的领导情景中，学习如何制定战略、激励团队、处理危机等关键领导技能。训练营还应包含个人领导力评估与反馈环节，帮助学生识别自身的领导优势与待提升之处，通过反思和同伴反馈促进领导力的持续成长。

团队协作与领导力的提升是创新创业教育中不可或缺的组成部分，通过对上述方法的综合运用，可以有效地培养学生的团队精神、协作技巧以及领导潜能，为他们未来在复杂多变的社会与商业环境中取得成功奠定坚实的基础。

2.3.3 学生创业知识与技能的系统化教育

本小节关注于创业知识体系的构建与创业技能的实践训练，从理论到实践，全面覆盖创业基础理论、法规政策、伦理道德等知识领域，同时，通过对创业项目操作、团队管理实践、资源获取技巧的培训，确保学生不仅掌握创业的理论框架，更能在实践中运用和提升各项技能，为培养适应市场需求的创业型人才提供系统化教育方案。

1. 创业知识的体系化

构建全面且系统的创业知识体系，是培养学生创业能力的基石。该体系应包括但不限于以下几个核心板块：

（1）创业基础理论：深入讲解创业的基本概念、原理和流程，涉及创业机会的识别与评估、商业模式的设计与优化、市场细分与目标市场分析、财务规划与预算管理、风险评估与应对策略等，为学生提供创业活动的理论框架。

（2）创业法规政策：详细介绍与创业活动相关的法律法规，包括公司注册流程、税务登记、知识产权保护、合同法、劳动法等，以及国家和地方政府对创业者的扶持政策，如税收减免、创业基金、创新补贴等，帮助学生合法合规地启动和运营企业。

（3）创业伦理道德：强调创业的社会责任和伦理道德，教育学生树立正确的商业伦理观，如诚实守信、公平竞争、环境保护、消费者权益保护等，引导学生在追求经济效益的同时，兼顾社会效应，实现可持续发展。

2. 创业技能的实践与训练

创业技能的提升依赖于系统的实践与训练，应侧重于以下几个方面：

（1）创业策划与执行

通过实际操作，如撰写商业计划书、模拟创业项目的路演展示、参与或创办真实的小微企业等，使学生熟悉创业项目的全周期管理，包括市场调研、产品开发、营销策略制定、财务管理等，提升其将理论知识转化为实际行动的能力。

（2）团队管理与沟通

通过团队项目合作、角色互换练习、高效沟通技巧培训等，加强学生在团队中的角色认知、领导力培养、冲突解决和跨文化沟通能力，为构建高效创业团队打下坚实基础。

（3）资源获取与整合

通过模拟创业融资、投资者关系管理、人脉网络建设的培训，以及参与创业孵化器、创业竞赛等活动，提升学生在资金、技术、人才、市场等多方面资源的识别、获取与整合能力，增强其创业项目的生存与发展能力。

在应用型高校的教育改革背景下，创新创业教育已成为提升学生综合素质、增强其社会竞争力的关键一环。高校需从课程体系、师资队伍、实践平台等多个维度出发，系统性地构建创新创业教育生态系统。通过理论与实践的紧密结合，不仅要加强学生在创业知识上的全面掌握，更要注重在创业技能上的实践演练，培养他们成为具备创新思维、扎实创业知识、熟练创业技能、强烈社会责任感的复合型人才，以适应快速变化的经济社会需求，为创新驱动发展战略贡献力量。

第3章 “专创融合”教育背景下应用型高校的课程改革

第 3 章　“专创融合”教育背景下应用型高校的课程改革

3.1 “专创融合”理念下的教学内容设计

3.1.1 专业教育与创新创业教育目标对接

本节聚焦于专业教育与创新创业教育的深度融合，探讨两者目标如何协同一致，通过教育模式创新，培养学生的专业深度与创新广度。通过目标融合、内容对接与项目驱动策略，以及具体实践案例分析，展示教育体系如何在确保专业深度的同时，激发学生的创新思维和创业潜能，为学生的全面发展与未来职业生涯铺设宽广道路。

1. 如何将专业教育目标与创新创业教育目标相结合

在当前教育体系中，实现专业教育与创新创业教育的深度融合，即“专创融合”，是高等教育改革的一大趋势。这一理念旨在通过对教育模式的创新，培养出既有深厚专业知识，又具备创新意识、创业能力和实践精神的复合型人才。具体结合策略包括：

（1）目标融合

首先，在制定专业教育目标时，应明确纳入创新创业教育的核心要素，如创新思维、创业意识、市场洞察力、团队合作能力及领导力等。其次，在专业能力培养的基础上，强调创新思维的激发和创业潜能的挖掘，确保学生能够在未来的职业生涯中，无论是在现有岗位上进行创新改进，还是独立创业，都能游刃有余。

（2）内容对接

在课程设置与教学内容上，实现专业课程与创新创业相关课程的有机融合。这包括在专业课程中嵌入创新设计思维、商业模式创新、市场分析、知识产权保护等模块，以及在创新创业课程中引用专业案例，使得学生在掌握专业知识的同时，理解如何将理论知识转化为创新项目或创业实践。例如，在计算机科学专业中，结合软件开发课程教授软件产品的市场定位、商业模式构建等。

（3）项目驱动

通过设立与专业密切相关的创新创业项目，如科研成果转化、社会服务创新项目等，鼓励学生将所学专业知识应用于解决实际问题。在项目制学习模式下，学生在教师和行业专家的指导下，组成跨学科团队，从市场调研、产品设计、原型制作到商业计划书撰写、项目路演等全流程参与，实现从理论到实践的闭环学习，增强其综合应用能力。

2. 分析对接的具体方法和实践案例

以某工科院校机械工程专业为例，该专业深入贯彻“专创融合”理念，将创新创业教育目标与专业教育目标紧密结合，形成了独特的培养模式。

（1）课程设计创新

在传统机械工程课程体系中融入“创新设计与创业实践”课程，该课程不仅讲授机械设计原理、材料科学等基础知识，还加入了创新思维训练、创业理论与实践等内容。课程设计以问题为导向，引导学生围绕机械行业中的具体问题，如节能减排、智能化改造等，进行创新设计与创业方案构思。

（2）实践平台构建

该校建立了机械工程创新实验室和创业孵化器，为学生提供设备齐全的硬件设施和创业资源支持。学生可以在实验室中进行产品原型制作、测试与优化，同时在孵化器内学习公司注册、市场推广、融资策略等创业实践知识，真正体验从创意到产品再到市场的全过程。

（3）校企合作深化

通过与当地机械制造企业的紧密合作，为学生提供实习实训机会，以及参与企业实际创新项目和创业孵化项目的机会。这种合作不仅使学生能够接触到行业前沿技术和市场需求，还促进了产学研一体化，为企业输送了具有创新意识和实践能力的高素质人才。

通过上述实践案例可以看出，将专业教育目标与创新创业教育目标有效对接，不仅丰富了专业教育的内容，提升了教育的实效性，更为学生开辟了更广阔的发展空间，增强了其在未来职场的竞争力和创新能力。

3.1.2 专业知识点与创新创业元素的深度融合

此部分深入讨论了专业知识与创新创业元素如何紧密结合，通过知识重构、情境创设、项目实践等策略，详细描绘了从理论到实践的深度融合路径。强调在专业学习中嵌入创新思维与创业实践，以情境设计、项目引导和反馈改进机制，培养学生的综合应用能力与创新能力，为教育模式的创新提供了一份实施蓝图。

1. 探讨如何将专业知识与创新创业元素有机结合

专业知识与创新创业元素的深度融合，是高等教育面向未来、培养创新人才的重要途径。这一过程不仅要求教育者突破传统学科的局限，更要激发学生的主动探索精神，培养其在专业领域的创新思维和创业能力。具体实施策略如下：

（1）知识重构

首先，教育者需对既有的专业知识体系进行深度剖析，识别出那些能够与创新创业直接关联的知识节点，如技术前沿、行业趋势、市场分析等。在此基础上，将创新创业的理论框架（如设计思维、商业模式创新等）、方法工具（如精益创业、敏捷开发）以及成功与失败的案例融入这些知识点，形成既有深度又具创新视野的教学内容，使学生能够在学习专业知识的同时，理解如何在实际情境中应用这些知识进行创新与创业。

（2）情境创设

通过构建与专业学习紧密相关的创新创业情境，如模拟真实世界的工程项目、商业挑战赛、行业案例分析，以及组织学生参观创新型企业、参与行业论坛等，使学生在实践中学习如何在特定情境下运用专业知识解决问题，提升其在复杂环境下的决策能力和团队协作能力。这些情境设计应注重互动性和体验性，促使学生主动思考，激发其创新灵感。

（3）项目实践

鼓励并支持学生基于所学专业知识，开展创新项目或创业实践活动。这包括但不限于科技研发、产品设计、社会服务创新等。通过项目申报、策划、实施到评估的全过程参与，学生不仅能够将理论知识转化为实际成果，还能在实践中学习项目管理、市场推广、资金筹集等创业技能，进一步提升综合应用能力。

2. 描述深度融合的策略和实施步骤

（1）知识梳理

这一步是进行系统的知识体系梳理，识别出与创新创业最为相关的专业知识点，如技术原理、工艺流程、行业规范等，明确这些知识点在创新创业中的应用价值。

（2）元素融入

在明确知识点的基础上，精心设计教学单元或模块，将创新创业的理论、方法和案例融入其中。这要求教育者具备跨学科整合能力，能将抽象的理论与实践操作紧密结合，创造出既符合专业深度又富含创新精神的教学内容。

（3）情境设计

根据重构后的教学内容，设计贴近现实的创新创业情境，强调情境的真实性与挑战性，确保学生能在模拟或实际情境中锻炼创新思维和解决复杂问题的能力。

（4）项目引导

通过教师引导和团队协作，鼓励学生围绕专业知识，发起或参与具体的创新项目或创业实践。教师应提供必要的指导和资源支持，如项目策划指导、技术咨询、资金与资源链接等，帮助学生跨越从想法到实施的鸿沟。

（5）反馈改进

在实施过程中，应建立有效的反馈机制，定期收集学生、教师及行业专家的反馈意见，评估教学效果和项目成果。基于反馈结果，不断优化教学内容、方法和项目实施过程，形成持续改进的闭环，确保专业知识与创新创业元素的融合取得最佳效果。

3.1.3 专业课程中融入创新思维训练与创业模拟环节

本节着重于在专业课程中融入创新思维训练和创业模拟环节的实践与效果分析，通过介绍创新思维训练方法如设计思维、TRIZ 理论、六顶思考帽，以及创业模拟环节如沙盘模拟、实践项目和创业竞赛，结合具体商学院营销管理课程的案例，展示通过这些策略如何有效提高学生的能力，激发创新潜能，增强创业准备度，最终为社会培养出具有创新精神和实践能力的复合型人才。

1. 探讨创新思维训练的方法和创业模拟环节的设置

在高等教育体系中，将创新思维训练与创业模拟环节融入专业课程，是培养未来社会所需复合型人才的关键。这一过程不仅能够激发学生的创新潜能，还能有效提升其解决实际问题和应对复杂商业环境的能力。

（1）创新思维训练方法

①设计思维：通过用户中心的设计流程，引导学生从理解用户需求出发，到提出解决方案，最后到原型测试和迭代，全程实践设计思维方法，培养学生的同理心、问题定义能力和快速原型制作技巧。

② TRIZ（发明问题解决理论）：教授学生运用 TRIZ，学习如何系统地分析问题，并利用已有的技术进化规律来寻找创新解决方案，提升解决复杂技术难题的能力。

③六顶思考帽：利用此工具，学生在团队讨论中扮演不同思考角色，如事实帽、情感帽、批判帽等，促进多角度思考，提升团队决策的全面性和有效性。

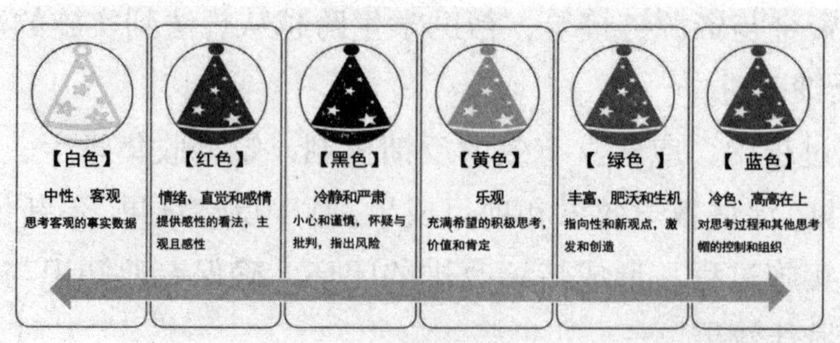

六顶思考帽

④实践形式：通过小组讨论、头脑风暴、创新挑战赛等互动式学习方式，让学生在实践中学习和应用创新思维工具，激发创意，培养团队合作精神。

（2）创业模拟环节设置

①创业沙盘模拟：利用软件或实体沙盘，模拟企业运营的各个方面，如产品开发、市场推广、财务管理和人力资源等，学生在模拟环境中扮演企业家角色，体验企业从初创到成长的全过程。

②创业实践项目：组织学生参与真实的创业项目或虚拟公司的运营管理，从市场调研开始，到撰写商业计划书、筹集资金、产品开发、市场营销直至盈利分析，全方位体验创业的各个环节。

③创业竞赛：举办校内外创业竞赛，如“创新挑战杯”“创业马拉松”等，为学生提供展示创业计划、获取反馈和资源的平台，增强其竞争意识和实践能力。

2. 分析实践案例和教学效果

以某商学院营销管理课程为例，该课程通过创新思维训练与创业沙盘模拟环节的有效融入，实现了教学模式的创新与学生能力的显著提升。

（1）案例描述

①创业沙盘模拟：配合课程内容，学院引入“创业沙盘”模拟游戏，学生分组扮演公司管理层，模拟运营决策，从市场定位、产品开发到资金运作，每一个决策都会即时反馈在公司运营状况上。这一过程不仅锻炼了学生的决策能力，还让他们深刻理解了创业过程中的风险与挑战。

“创业沙盘”模拟游戏

②创新营销挑战赛：课程中设置的“创新营销挑战赛”，要求学生运用所学营销理论与创新思维工具，如蓝海战略、SWOT 分析等，针对特定市场或产品，设计并实施创新的营销策略。通过项目策划、市场调研、方案展示等环节，学生不仅巩固了营销知识，还学会了如何在竞争激烈的市场中寻找差异化竞争优势。

（2）教学效果

实践证明，上述教学模式极大地提高了学生的学习积极性和参与度，学生在体验式学习中不仅掌握了专业知识，更重要的是培养了创新思维习惯、提高了问题解决能力、增强了团队合作意识，并通过模拟创业过程，对创业有了更全面、深刻的理解。许多学生在课程结束后表示，自己对未来的创业之路更有信心，同时提高了在职场中的竞争力。这样的教学实践，不仅提高了教学质量和效果，也为社会输送了更多具有创新精神和创业能力的复合型人才。

3.2 “专创融合”理念下的教学方法改革

3.2.1 对问题导向式、案例分析法等教学方法的应用

在“专创融合”的教育模式下，问题导向式教学方法与案例分析法成为

促进学生主动学习、增强实践应用能力的有效途径。这两种教学方法通过模拟真实情境，激发学生的探索欲和创新思维，使专业知识与创新创业能力的培养更加紧密相连。

1. 对问题导向式教学方法的应用

问题导向式教学（Problem-Based Learning，PBL）的核心在于以问题为起点，引导学生围绕问题展开探索性学习。在“专创融合”的框架下，PBL的应用主要体现在以下几个方面：

（1）问题设计

教师根据专业课程内容与创新创业实践需求，精心设计具有挑战性、开放性的问题，这些问题往往源自真实世界的技术难题、市场空白或是社会需求，旨在引导学生将专业知识与创新思维相结合，寻求解决方案。

（2）小组协作

鼓励学生组成多元化小组，通过团队合作的形式，集思广益，共同探讨问题。小组成员在相互交流和讨论中，不仅可以互补专业知识，还能培养沟通协调、团队合作的能力。

（3）自主探究

学生在教师的引导下，通过查阅文献、实验验证、专家访谈等多种方式，自主探索问题的解决方案。这一过程强化了学生的自学能力、批判性思维和问题解决策略。

（4）成果展示与反馈

学生团队需将探究过程和解决方案进行整理，通过口头报告、书面报告或项目展示等形式进行交流分享，接受教师和同学的评价与建议。这一环节促进了知识的深化和技能的巩固。

2. 对案例分析法的应用

案例分析法是一种通过分析具体实例来深化理论知识、提高实践能力的教学方法。在“专创融合”教育中，案例分析法的应用重点在于以下几个方面：

（1）案例选择

精选与专业领域密切相关的创新创业成功或失败案例，确保案例具有典型性、时效性和启发性。案例内容涵盖创新理念的萌发、商业模式的设计、市场策略的实施、团队管理的挑战等多个维度。

（2）情景模拟

通过角色扮演、情景再现等手段，让学生置身于案例的情景之中，体验创业者面临的决策过程和挑战，增强学习的沉浸感和实操性。

（3）分析讨论

组织学生分组讨论，引导他们从不同角度分析案例，探讨成功因素、失败教训、改进措施等，鼓励提出创新见解和解决方案。在讨论过程中，教师扮演引导者和促进者的角色，适时提供理论指导和点评反馈。

（4）总结反思

案例分析后，要求学生进行个人或小组的反思总结，提炼学习要点，将案例中的经验教训转化为自身知识结构的一部分，促进理论与实践的深度融合。

问题导向式教学方法与案例分析法在“专创融合”教学中的应用，不仅能够激发学生的学习主动性和创造性，还能有效提升其解决复杂问题的能力，为培养兼具专业技能和创新创业精神的复合型人才提供重要路径。

3.2.2 翻转课堂、线上线下混合式教学模式的实施

教育领域正经历一场创新浪潮，其中翻转课堂与线上线下混合式教学模式站在了这场变革的前沿。本节内容将深入探讨这些模式的实施路径，它们如何重新定义课前自学资源的准备、课堂互动，以及线上线下资源整合的有效策略。通过揭示这些教学革新如何增强学生自主性、提高知识吸收效率、促进实践技能与创新能力提高，旨在展示教学模式创新如何为学生的个性化发展和创新创业意识打下坚实的基础。随着对这些策略的深入了解，学生将能够发现如何应用这些方法，以适应教育的未来趋势。

翻转课堂

线上线下混合式教学模式

1. 描述翻转课堂和线上线下混合式教学模式的实施方法

在当前教育技术快速发展的背景下，翻转课堂和线上线下混合式教学模式作为教育创新的重要实践，正逐渐成为提高教学质量、激发学生潜能的有效途径。这些新型教学模式的实施方法具体如下：

（1）翻转课堂的实施

①课前准备：教师根据课程大纲，精心制作或筛选高质量的教学视频、阅读材料、在线问答等资源，上传至学习管理系统供学生预习。这些材料覆盖核心概念、理论基础和初步案例分析，要求学生在课前完成学习，形成初

步理解。

②课堂互动：课堂时间不再用于传统的讲授，而是转变为以学生为中心的学习环境。教师通过引导讨论、解答疑惑、组织小组合作项目、进行实验演示等方式，加深学生对知识的理解和应用，促进高阶思维技能的发展。

③反馈与评估：教师利用课堂时间收集学生的学习反馈，及时调整教学策略，同时通过在线测试、同伴评价等方式，评估学生的学习成效，确保每位学生都能跟上学习进度。

（2）线上线下混合式教学模式的实施

①线上资源建设：构建包含微课、慕课、在线研讨、虚拟实验室、在线测试等多元化学习资源，满足不同学习风格的学生需求。这些资源支持自主学习，学生可以根据自己的节奏和兴趣选择学习路径。

②线下互动与实践：利用实体教室进行面对面教学，重点放在深度讨论、案例分析、项目工作坊、实验操作等需要现场互动和即时反馈的环节。教师引导学生将线上学习的知识应用于解决实际问题，加强实践操作能力。

③整合与评估：通过学习管理系统整合线上学习数据与线下活动表现，形成全面的学习档案，实施形成性评价和终结性评价相结合的评估体系，确保学习效果的持续跟踪和反馈。

2. 分析这些模式对学生学习效果的影响

近年来，多项研究和实践案例均证实，翻转课堂和线上线下混合式教学模式对提升学生学习效果有着显著的积极作用。

（1）增强学习主动性

学生在课前自主学习的过程中，能够根据自己的学习节奏和兴趣进行探索，增加了学习的自主性和灵活性，进而提升了学习的积极性和主动性。

（2）提高知识掌握程度

通过课前的个性化学习和课上的深度讨论，学生能够更深入地理解并掌握知识，理论与实践相结合的学习方式有助于知识的内化和长期记忆。

（3）提升实践能力

无论是翻转课堂的实践操作，还是混合式教学中的项目导向学习，都强调将理论知识应用于解决实际问题，极大提升了学生的动手能力和创新能力。

（4）激发创新创业意识

在这些教学模式中，学生频繁参与团队合作、项目设计与实施，不仅锻炼了团队协作能力，还在解决问题的过程中激发了创新思维和创业精神。

（5）促进个性化学习

线上资源的丰富性和可访问性，为学生提供了更多元化的学习路径，有利于满足不同学习风格和能力水平学生的需求，促进其个性化发展。

翻转课堂和线上线下混合式教学模式通过优化教学流程、丰富学习资源、强调实践应用和个性化发展，对提高学生的学习效果、培养其创新创业能力具有深远影响，是当前教育创新的重要方向。

3.2.3 创新实验室、创客空间等教学环境的构建

这一部分探讨构建创新实验室与创客空间等现代化教学环境的策略，及其在促进学生创新与创业活动方面的作用。从硬件配置、软件资源到管理制度的全方位构建策略，说明如何打造一个既能支持技术实践又能激发创意交流的空间。进一步分析这类环境如何通过提供实践平台、项目验证机会、团队协作经验，以及营造开放创新氛围，有效催化学生内在的创新思维与创业潜能，为“专创融合”教育理念的实体化实施提供了关键支撑。

1. 探讨创新实验室和创客空间等教学环境的构建策略

创新实验室和创客空间作为“专创融合”教育模式中的关键基础设施，其构建与运营策略对于激发学生创新思维、提升创业能力至关重要。具体构建策略涵盖硬件设施、软件支持和管理制度三大方面。

（1）硬件设施

构建一个功能完善的创新实验室或创客空间，首先需要投资高质量的硬件设施，这包括但不限于先进实验仪器、3D 打印机、激光切割机、电子工作站、物联网设备等，以满足不同专业领域学生的实验、设计、制作需求。同时，空间布局应灵活可变，便于小组讨论、项目展示和团队协作，真正创造一个激发创意的工作环境。

创新实验室

创客空间

（2）软件支持

除了物理硬件外，还需配套相应的软件资源和平台，如计算机辅助设计（CAD）软件、三维建模软件、编程开发工具、创业计划软件、市场分析工具等，为学生提供从创意生成、设计模拟到产品原型制作的全方位支持。此外，利用在线学习平台和资源共享库，为学生提供远程学习、在线协作的机会，拓宽知识获取渠道。

（3）管理制度

为了保证创新实验室和创客空间的高效运行，需要建立一套开放、灵活且安全的管理制度。这包括制定明确的使用规则、预约流程，以及提供必要的安全培训和操作指南，确保学生在安全的环境中自由探索。同时，设立导师制度，由专业教师和行业专家组成指导团队，为学生提供技术咨询、项目指导和创业辅导，促进师生间及学生间的交流与合作。

2. 分析这些环境如何促进学生的创新和创业活动

创新实验室和创客空间通过提供一个集学习、实践、交流于一体的综合性平台，对学生创新思维的培养和创业能力的提升产生了深远影响，具体表现在以下几个方面：

（1）实践创新想法

在配备了先进工具和材料的环境下，学生可以直接将课堂所学应用于实践，从概念设计到原型制作，甚至产品小批量生产，完整体验创新过程，加速创新成果转化。

（2）验证创业项目

学生可以通过创业模拟软件进行市场分析、财务预测等，结合实验室内的原型制作，低成本验证其创业项目可行性，降低创业初期的风险。

（3）团队协作与项目管理

在共同的创新空间内，学生自然形成跨学科团队，通过团队项目合作，学习项目管理、资源配置、时间管理等关键技能，增强团队协作能力。

（4）激发创新与创业热情

开放式的环境和丰富的资源，为学生创造了“试错”和“快速迭代”的条件，减少了创新的门槛，降低了学生的好奇心和探索欲，增强了他们投身创新创业活动的热情。

创新实验室和创客空间作为“专创融合”教育的物理载体，不仅为学生提供了实现创意、验证项目的学习环境，更重要的是，通过实践操作、团队合作和项目管理的全过程参与，有效促进了学生创新思维和创业技能的全面发展。

3.3 “专创融合”理念下的教学评价改革

3.3.1 过程性评价与结果性评价相结合的评价体系

在现代教育评价的探讨中，一个核心议题是如何将过程性评价与结果性评价融合应用，以实现对学生学习成果的全面和深入评估。这里我们将介绍这种结合的评价原理和方法，并强调对学习全过程的关注，以及如何通过多样化的评价工具来促进学生能力的全面发展和个性化成长。通过解析这两种评价方式互补的优势，揭示评价体系如何帮助教育者捕捉学生的每一个进步，确保教育目标的实现，并为学生的终身学习和创新能力培养奠定基础。随着对这些评价策略的探索，读者将了解到如何有效地运用这些工具，为适应教育的发展趋势做好准备。

1. 阐述过程性评价和结果性评价相结合的原理和方法

在当代教育评估理论与实践中，过程性评价与结果性评价相结合的评价体系已成为衡量学生学习成效的重要方法。该体系基于教育心理学和评价理论，强调评价的多元化与全面性，旨在通过综合考量学习过程中的各种因素，为学生提供更为精准的成长导向和反馈机制。

首先，过程性评价的核心在于捕捉学生在学习旅程中的动态变化，它超越了传统单一的结果衡量，转而关注学生的学习态度、努力程度、问题解决能力的发展轨迹。过程性评价手段多样，如日常作业、课堂参与度记录、同伴互评、学习日志、自我评估等，这些工具不仅能帮助教师及时了解学生的学习状态，还能促进学生自我反思，提高自我调节学习的能力。通过这些形式，教师能够及时给予个性化指导，激励学生积极参与学习过程，培养积极的学习态度和自我驱动的学习习惯。

其次，结果性评价则聚焦于学生学习结束时的知识掌握程度和技能达成情况，通常以标准化测试、期末考试、项目报告、毕业设计等形式呈现。结果性评价能够直接衡量学生是否达到了预期的学习目标，为教育质量的宏观监控提供依据。然而，它往往忽略了学习过程中的努力与进步，因此，与过程性评价结合使用，可以提供更为平衡的评估视角。

2. 分析这种评价体系如何更全面地评估学生的学习成果

结合过程性评价与结果性评价的评价体系，通过多维度、多层次的评估方式，能够构建出更加立体、全面的学生学习成果图谱，具体体现在以下几个方面：

（1）知识与技能的深度与广度

结果性评价确保了学生在核心知识和基本技能上的扎实掌握，而过程性评价则揭示了学生如何逐步掌握这些知识和技能的过程，包括他们的学习策略、思维方式的转变，以及对复杂问题的处理能力。

（2）创新思维与批判性思维的培养

过程性评价特别关注学生在项目合作、案例分析等活动中展现出的创新思维和批判性思考，而结果性评价通过项目成果展示等途径验证这些能力的实际应用效果，两者结合，有效促进了学生高级思维能力的发展。

（3）情感态度与价值观的形成

过程性评价通过对学生参与度、合作态度、责任感等非认知因素的评价，促进了学生正面情感态度的培养，以及社会性和道德价值观的内化，这些是结果性评价难以触及却至关重要的教育目标。

（4）个体差异的尊重与支持

结合两种评价方式，教育者能更好地识别每个学生的独特优势和待提升领域，制定个性化的教学干预策略，支持每位学生按照自己的节奏和方式成长。

过程性评价与结果性评价相结合的评价体系，不仅关注学习的最终成果，更重视学习过程中学生的成长与变化，通过这种全面、系统的评价方法，能够更好地促进学生综合素质的提升，为终身学习和创新能力的培养奠定坚实基础。

3.3.2 学生创新创业项目成果作为课程成绩的重要依据

这一部分聚焦于高等教育创新实践，讨论将学生的创新创业项目成果纳入课程评价体系的策略与意义。通过分析项目成果计分、成果转换机制及导师评价系统，阐述这一做法如何激励学生主动参与创新实践，提升其综合素养与市场竞争力。同时，揭示这种评价方式如何架设起学术与实践的桥梁，为学生的职业生涯早期铺垫成功之基石，促进教育与经济社会需求的紧密对接。

1. 讨论如何将学生的创新创业项目成果纳入课程评价体系

将学生的创新创业项目成果纳入课程评价体系，是当前高等教育改革中的一大创新举措，旨在通过课程评价机制的创新，激发学生的创新意识与创业精神。具体实施策略包括：

（1）项目计分

首先，需要建立一套全面、公正的创新创业项目评价体系。这套体系应当涵盖项目的关键维度，如项目的原创性与创新性，解决实际问题的能力，项目的实用价值和商业潜力，以及团队合作的效率与质量。通过设定明确的评价指标和评分细则，确保评价的客观性和标准化。学生提交的项目计划书、中期报告、最终成果展示等材料将成为评价的主要依据。

（2）成果折算

为了进一步激发学生的积极性，学校可将创新创业竞赛获奖、专利申请成功、创业公司注册成立等实际成果直接折算成相应的学分或绩点。例如，国家级竞赛奖项可兑换为选修课学分，成功申请的专利可以作为专业选修课程的替代成绩，创业公司正式注册则可视为完成了某项实践课程。这些转换规则需公开透明，确保所有学生都有明确的目标和期望。

（3）导师评价

引入导师或行业专家对学生的创新创业项目进行综合评价，不仅关注项目的成果，也重视过程中的学习与成长。导师的评价可以从专业技能提升、问题解决能力、团队领导力、项目管理能力等多个维度进行，确保评价的全面性。同时，鼓励导师提供个性化的反馈和建议，帮助学生在后续的学习与实践中持续进步。

2. 分析这种做法对学生创新创业活动的激励作用

将创新创业项目成果作为课程成绩的重要组成部分，对学生参与创新创业活动产生显著的正向激励作用。

（1）增强参与动机

将项目成果与学业成绩挂钩，直接提升了创新创业活动在学生心中的价值和地位，使学生意识到创新创业不仅是课外兴趣，更是学业成就的重要组成部分，从而极大地增强了参与的内在动力。

（2）提升实践能力

在实际项目操作中，学生不仅能够将理论知识应用于实践，还能在解决问题的过程中学习到书本之外的宝贵经验和技能，如市场分析、团队管理、资金筹措等，这对提升学生的综合实践能力大有裨益。

（3）激发创新思维

通过项目实践，学生在遇到挑战和解决问题的过程中，创新思维得到激发和锻炼，有利于培养出不畏困难、勇于探索的创新精神。

（4）促进学业与职业发展对接

将创新创业成果纳入学业评价，有助于学生提前适应职场环境，积累实践经验，为将来的就业或创业打下坚实的基础，实现学业与职业生涯的无缝对接。

将学生的创新创业项目成果作为课程成绩的重要依据，不仅是一种评价机制的创新，更是对高等教育培养模式的深刻变革，它通过实际成果的认可与激励，有效促进了学生创新创业能力的全面发展，为社会培养更多具有创新精神和实践能力的复合型人才。

3.3.3 建立反馈机制，持续优化课程改革方案

下面我们将着眼课程改革的持续优化机制，深入探讨构建多维度反馈系统的重要性与实施路径。从学生、教师、第三方及数据监测四个层面，描绘确保课程内容与教学方法与时俱进的动态调整策略。强调反馈机制在及时纠偏、促进教学创新、科学评估成效及推动持续改进中的关键作用，为构建响应社会变迁、满足学生发展需求的教育体系提供机制保障，凸显教育质量不断提升的内在逻辑与外在驱动力。

1. 探讨如何建立有效的反馈机制

建立有效的反馈机制是课程改革持续优化的基石，确保了教育实践与理论之间的动态平衡。其构建应覆盖学生、教师、第三方评估及数据监测等多个维度。

（1）学生反馈

通过设计全面的问卷调查，包含课程内容的实用性、教学方法的创新性、学习资源的丰富度等方面，收集学生的直接反馈。组织定期的座谈会，鼓励学生分享学习体验，提出具体建议。实施匿名个别访谈，以深入了解个别学生的特殊需求或不满，确保反馈的全面性和真实性。

（2）教师反馈

建立教师反馈平台，鼓励教师分享教学经验、遇到的挑战及改进建议，特别是在实施“专创融合”教学方法时的感受。定期召开教学研讨会，鼓励教师之间交流心得，相互学习，形成持续改进的教师权威群体。

（3）第三方评价

邀请行业专家、企业代表及教育研究者，通过现场听课、项目评审、毕业生跟踪调查等方式，从专业实践、市场需求、教育理论等多角度进行课程改革效果的评估。第三方的独立视角能提供更为客观、深入的反馈，有助于提升课程的行业相关性和前瞻性。

（4）数据监测

利用现代信息技术，如学习管理系统(LMS)、大数据分析工具等，收集并分析学生学习行为数据，如登录频率、学习时长、讨论活跃度、作业提交情况等，以及学习成果数据，如考试成绩、项目完成质量等。这些数据为课程效果的量化评估提供坚实基础。

2. 分析反馈机制对课程改革方案持续优化的作用

反馈机制的建立和有效运行，对课程改革方案的持续优化具有深远意义。

（1）及时发现问题

通过定期收集和分析反馈，能迅速识别课程设计与实施中的薄弱环节，如理论与实践脱节、学生参与度低、教学资源不足等，为问题的针对性解决提供即时信息。

（2）收集改进建议

综合学生、教师及第三方的反馈意见，可以汇聚多方智慧，为课程内容的更新、教学方法的创新、评价体系的完善提供丰富而多元的改进建议。

（3）监控改革效果

借助数据监测和第三方评价，可以科学评估课程改革的成效，如学生创新创业能力的提升、就业率的改善等，为课程改革的持续性和有效性提供有力证据。

（4）推动持续改进

反馈机制形成了一种闭环管理机制，确保课程改革不是一次性的行动，而是基于持续反馈的动态调整过程。这种机制鼓励教育实践者不断探索、试验和优化，推动课程体系向更加适应社会需求、促进学生全面发展的方向演进。

综上所述，建立并优化反馈机制是确保“专创融合”教育改革持续健康发展的重要保障。它不仅促进了教育内容与方法的现代化，还强化了教育与产业界的联系，为培养适应未来社会需求的创新型、创业型人才奠定了坚实的基础。

第 4 章 “项目驱动”教育背景下应用型高校的实践教学探索

第4章 “项目驱动”教育背景下应用型高校的实践教学探索

4.1 “项目驱动”理念下的实践教学模式设计

4.1.1 项目选择与立项管理流程

本节围绕“项目驱动”教学模式的核心环节——项目选择与立项管理流程，阐述了确保项目既富有教育价值又能激发学生潜能的准则与策略。从项目与课程内容的紧密结合、响应社会与行业需求的选题，到项目挑战性与创新性的平衡，以及确保可操作性，每个步骤都精心设计，旨在通过严谨的立项申请与评估机制，为教学实践打造坚实基础，促进学生实践能力与创新能力的协同发展。

1. 项目选择的准则与策略

在“项目驱动”教学模式的框架下，项目的选择不仅是教学实践的起点，更是培养学生创新思维和实践能力的关键环节。为确保项目既符合教学目的，又能激发学生潜能，项目选择需遵循以下核心准则与策略。

（1）与课程内容紧密关联

项目应直接呼应专业课程的核心理论和实践技能，通过实践操作使学生在解决实际问题的过程中，深化对课程知识的理解和掌握。例如，在计算机科学课程中，选择与算法设计、软件开发、人工智能应用等相关的项目，使学生在实践中巩固编程技能，理解算法逻辑。

（2）符合社会需求与行业发展趋势

项目主题应紧贴社会热点、响应国家政策导向，或聚焦于未来行业技术趋势，如可持续能源、智能健康、大数据分析等，这样不仅能增强学生的社会责任感，还能提升其对行业动态的敏感度，为未来就业或创业奠定基础。

（3）具有一定的挑战性与创新性

项目应设定在学生“最近发展区”，既不过于简单，也不至于遥不可及，以激发学生跳出常规思维，尝试新方法，解决新问题。鼓励学生探索未知领域，提出创新性解决方案，从而提升其创新意识和解决复杂问题的能力。

（4）可操作性强

项目设计应具体明确，包括清晰的实施步骤、时间规划、资源需求和预期成果，确保学生能在限定时间内完成。同时，提供必要的资源和指导，确保项目从理论构想顺利过渡到实际操作。

2. 立项管理的审核与评估机制

（1）项目申报

学生或团队需提交详尽的项目立项申请书，内容需全面涵盖项目背景分析、明确的项目目标设定、详细的实施方案、预期成果的量化或质性描述，以及项目预算和资源需求等，确保项目方案的完整性与可行性。

（2）初步筛选

教学管理部门或指定的指导教师对提交的项目提案进行初步筛选，重点评估项目的合理性，即项目是否符合课程要求、是否具备实际操作的可能性；创新性，即项目是否具有新颖性，能否带来新的见解或解决方法；可行性，即项目资源需求是否合理，时间表是否切实可行。

（3）专家评审

通过初审的项目将进入深度评估阶段，由校内外专家、行业导师组成的评审委员会进行评审。评审过程不仅考量项目的技术含量和创新价值，还要从实际应用前景、社会效益、团队构成等多维度进行综合评估，必要时提出改进意见，或直接决定是否立项。

（4）立项公示：对于批准立项的项目，应通过官方渠道进行公示，包括但不限于校园网、公告栏、社交媒体等，确保立项过程的透明化，接受全校师生的监督，维护立项的公平性和公正性。公示期间，也可收集反馈意见，进一步优化项目设计，提升项目实施的成功率和影响力。

通过上述严谨的项目选择与立项管理流程，确保了“项目驱动”教学模式下，每个实践项目都能有效地促进学生理论与实践的深度融合，培养其解决实际问题的能力，同时响应社会与行业的实际需求，为学生的职业发展和创新能力打下坚实基础。

4.1.2 项目组队原则与指导教师分配机制

这里我们探讨高效团队组建与指导教师配置的策略，强调多元能力组合、明确角色分工与定期沟通在提升团队效能方面的重要性。同时，明确指导教师选拔的标准与职责范围，突出其在项目指导中的关键作用，从项目选题到能力培养，全方位支持学生的成长与项目成功实施，为“项目驱动”模式下的团队合作与个人发展构建有力的支撑体系。

1. 项目组队的方法和技巧

在“项目驱动”教学模式下，高效的团队组建是确保项目成功实施的先决条件。以下策略对于促进团队效能具有重要意义：

（1）多元能力组合

跨年级、跨专业的组队策略能够会集不同背景和技能的学生，形成优势互补。例如，结合低年级学生的新鲜视角与高年级学生的实践经验，或联合技术专业与管理、设计等专业的学生，共同探索解决方案。这种多样性不仅丰富了创意来源，还能促进知识与技能的交叉融合，增强团队的综合竞争力。

（2）角色分工明确

在项目启动之初，通过团队会议明确每位成员的角色与职责，如项目经理负责整体协调、技术骨干负责核心问题攻克、文档专员负责记录与汇报等。明确的分工有助于减少工作重叠，提高效率，同时能够增强成员的责任感和归属感。

（3）定期沟通与协调

建立固定的团队会议机制，如周会或里程碑会议，用以追踪项目进展，讨论遇到的障碍，及时调整项目计划。此外，鼓励开放式沟通，利用在线协作工具，如项目管理软件、即时通信平台，保持团队成员间的日常交流，确保信息的透明与流通。

2. 指导教师的选拔与职责界定

（1）选拔标准

理想的指导教师应具备多方面的素质：深厚的专业知识背景、丰富的教学经验和实战经历，以及对所指导项目领域的深刻洞见。此外，具备良好沟通能力和指导耐心，能够激发学生潜能，引导学生自主学习，也是不可或缺的素质。

（2）职责划分

①项目选题指导：指导教师需根据学生兴趣、学科前沿及社会需求，帮助学生选定既有挑战性又能激发学习热情的项目主题。

②技术路线规划：协助团队确定合理的技术路径和研究方法，确保项目实施的科学性和可行性。

③资源协调：帮助团队获取必要的学习资料、实验设备、资金支持等资源，为项目顺利进行提供物质保障。

④过程监控：定期检查项目进展，及时发现问题，给予指导和纠偏，确保项目按计划推进。

⑤成果验收与评价：在项目结束时，组织成果展示，对项目进行全面评估，提出改进建议，并指导学生撰写研究报告或论文。

⑥能力培养：在指导过程中，注重培养学生的独立思考、问题解决和团队协作能力，以及批判性思维和创新意识，为学生的长远发展奠定基础。

通过科学的组队原则与高效的指导教师分配机制，可以最大化地发挥团队成员的潜力，确保项目实践教学的质量与效果，为学生提供一个既富挑战性又充满成长机遇的学习环境。

4.1.3 项目周期与进度管理策略

本节我们深入分析项目周期规划与进度管理的精髓，涵盖从项目周期的合理设定、定期进度报告制度，到动态跟踪与调整的具体操作。特别强调风险预警与应对机制以及计划调整的灵活性，确保项目管理既有序又不失灵活性，旨在培养学生的项目管理技能，同时保证项目按时交付与质量达标，为“项目驱动”教学模式的有效实施提供实践指导框架。

1. 项目周期的规划与监控

在“项目驱动”教学模式中，合理规划项目周期并实施有效监控是确保项目顺利推进的关键。具体策略包括：

（1）合理设定项目周期

项目周期的设定需基于项目的实际规模、复杂度、资源需求等因素综合考虑。通常，一个完整的项目周期应包含项目启动、需求分析、设计与规划、实施执行、中期检查、最终成果展示与评价等阶段。每一阶段应设定明确的时间节点，如项目启动后的两周内完成团队建设和需求调研，确保整个项目周期的紧凑性和合理性。

（2）定期进度报告

为确保项目按既定计划推进，要求项目团队定期（如每月或每两周）提交详细的项目进度报告。报告内容应涵盖已完成的工作内容、当前工作状态、遇到的挑战与问题、采取的解决措施以及未来一段时间的工作计划。通过报告，教师和管理部门能够及时了解项目动态，为项目团队提供必要的支持。

（3）动态跟踪与调整

指导教师和教学管理部门应建立常态化的进度跟踪机制，通过定期会议、在线平台监控等方式，对项目进展进行动态监督。在跟踪过程中，一旦发现偏离计划的情况，应及时与项目团队沟通，分析原因，提供指导建议，并在必要时协同团队调整项目计划，确保项目目标的实现。

2. 进度的动态管理与调整

（1）风险预警与应对

在项目执行过程中，风险识别与管理至关重要。项目团队和指导教师应共同识别可能影响项目进度的风险因素，如技术难题、资源短缺、团队协作问题等，并预先制定风险应对策略。例如，建立风险应急基金、预备技术备选方案、强化团队沟通机制等，以最小化风险对项目进度的负面影响。

（2）灵活调整计划

鉴于项目实施的不确定性，应采取灵活的管理策略，允许项目团队根据实际情况对原计划进行适度调整。当遇到不可预见的障碍或机会时，团队应在与指导教师充分沟通后，基于项目目标和实际情况，决定是否调整工作重心、时间安排或资源配置。重要的是，任何调整都应以书面形式记录，并获得必要的审批，以确保项目管理的透明度和规范化。

通过科学规划项目周期、实施定期监控、有效应对风险及灵活调整计划，可以有效保障“项目驱动”教学模式下各项目的顺利进行，提升学生的项目管理能力，同时确保学习成果的质量与时效性。

4.2 “项目驱动”理念下的学生实践能力培养

4.2.1 实践项目与专业技能训练的结合

本节聚焦于在“项目驱动”教学模式下，如何通过实践项目与专业技能训练的深度融合，促进学生专业能力与综合素养的同步提升。强调在项目实施过程中，通过任务导向学习和跨学科项目合作，不仅加深学生对专业技能的掌握，还培养其跨领域整合能力、团队协作与创新思维，为学生适应未来职场挑战打下坚实基础。

1. 项目实施过程中的专业技能培养

在“项目驱动”教学模式下，实践项目成为培养学生专业技能和综合素养的重要平台。通过精心设计的项目实施过程，学生不仅能够掌握核心专业知识，还能在解决实际问题中锻炼一系列关键技能。

（1）任务导向的技能实训

实践项目以解决具体问题为导向，为学生提供了将理论知识转化为实际操作的场景。例如，在软件工程专业的项目中，学生通过实际编程解决软件设计中的具体问题，不仅加深了对编程语言、数据结构等基础知识的理解，还学会了版本控制、项目管理等实用技能。在设计类项目中，学生通过参与产品设计、原型制作，不仅锻炼了设计思维，还掌握了各类设计软件的使用，提升了设计表达能力。

（2）跨学科知识融合

鼓励项目设计涉及多学科知识的交叉应用，促使学生在完成项目的同时，整合不同领域的知识和技能。比如，一个智能农业项目可能需要农业科学、信息技术、机械工程等多学科知识的综合运用，学生在这样的项目实践中，不仅要运用专业技能解决技术问题，还要理解农业生态、市场需求等跨学科背景，从而在实践中培养出跨领域的综合应用能力。

任务导向的技能实训

跨学科知识融合

2. 跨专业项目的实践教学优势

（1）拓宽视野

跨专业项目让学生有机会走出自己的专业领域，接触到全新的知识体系和思维方式，这对于打破学科间的界限，促进知识的交叉融合尤为重要。例如，艺术设计专业的学生参与到机械工程项目的外观设计中，不仅能学习到工业设计的专业知识，还能理解工程实现的限制条件，这种跨界合作极大地拓宽了学生的学术视野和职业可能性。

（2）提升协同创新能力

在跨专业项目中，不同背景的学生需要紧密合作，共同面对和解决复杂问题，这一过程极大地锻炼了学生的团队协作与沟通能力。通过交流各自领域的知识，团队成员能够激发出新的创意和解决方案，这种协同创新不仅提升了项目本身的创新性，也让学生学会了如何在多元化的环境中有效沟通和协作，为将来在复杂工作环境中的表现打下坚实的基础。

实践项目与专业技能训练的紧密结合，特别是通过跨专业项目的实施，不仅促进了学生专业技能的深化和拓展，还培养了其跨学科思维、团队协作和创新能力，为学生适应快速变化的社会和职业环境提供了强有力的支持。

4.2.2 创新思维在项目实施过程中的引导与激发

此部分探讨了在项目实施中创新思维培养的重要性及策略，旨在通过营造创新氛围、实施创新方法培训、组织头脑风暴和创新竞赛等具体活动，系统性地激发学生的创新潜能，提升其解决复杂问题的能力。强调创新思维的培养是提升学生竞争力和适应未来社会需求的关键所在。

1. 创新思维的培养策略

在项目驱动的教学模式下，创新思维的培养是提升学生解决问题能力和适应未来社会挑战的关键。实施以下策略以有效引导和激发学生的创新潜能:

（1）创新氛围营造

构建一个开放、包容的学习环境是创新思维萌芽的土壤。教师应鼓励学生不拘泥于传统框架，敢于提出大胆设想，即使面临失败也要视之为学习过程的一部分。通过分享成功的创新案例与失败的教训，树立正确的创新观念，让学生明白创新是不断试错与学习的累积过程，从而营造出一个鼓励探索、尊重差异的创新文化氛围。

（2）创新方法培训

为了系统地提升学生的创新技能，可以引入一系列创新工具和方法，如设计思维、TRIZ 理论等。设计思维强调以人为本，通过同理心理解用户需求，进行快速原型设计与迭代；而 TRIZ 理论则提供了一套解决问题的系统化方法，帮助学生突破思维定式，找到非显而易见的解决方案。通过组织专题讲座、工作坊、在线课程等形式，让学生亲身体验这些方法的应用，促进其从理论学习到实践操作的转化，提升解决复杂问题的能力。

2. 项目中的创新引导活动

（1）头脑风暴

定期组织项目小组进行头脑风暴会议，为团队成员提供一个无限制的创意交流平台。鼓励团队成员自由发表意见，无论多么离奇的想法都应得到听取和讨论。通过“禁止批评”原则，确保每个人都能在轻松的氛围中自由思考，从而激发团队的集体创造力，挖掘出更多新颖、有潜力的解决方案。

头脑风暴

（2）创新竞赛

举办校内外的创新竞赛，可以是针对特定问题的挑战赛、创意大赛或者创业计划竞赛，为学生提供展示创新成果的舞台。通过竞赛，学生不仅能够将理论知识转化为实际的创新项目，还可以在竞争中学习他人创新思维的闪光点，增强自身的紧迫感和成就感。竞赛中设置的评委点评、观众投票等环节，可以多维度评价项目的创新性、实用性，进一步激发学生的创新欲望和优化项目的创新水平。

通过创新氛围的营造、创新方法的培训，以及在项目实施过程中融入头脑风暴和创新竞赛等具体活动，可以有效地引导和激发学生的创新思维，促进他们在解决实际问题时展现出更多的创造力和灵活性，为培养未来社会所需的创新型人才奠定坚实的基础。

创新竞赛

4.2.3 项目成果展示与交流平台的构建

本节论述了项目成果展示与交流平台构建的重要性，提出了多样化的展示形式和综合评价体系，以及线上线下交流平台的整合策略。强调了通过有效展示项目成果，不仅能够评价和反馈学生学习成效，还能促进知识共享、创新思维的碰撞与传播，为学生提供更多学习与成长的机会，进一步推动“专创融合”教育模式的发展与成效。

1. 成果展示的形式与评价

项目成果展示是检验学生实践学习成效、促进知识共享与创新思维碰撞的重要环节。为了全面展现学生的实践成果，需采取多样化展示方式，并建立综合评价体系。

（1）多样化展示形式

为了使项目成果更加直观、生动，应鼓励学生采用多种媒介和形式展示其工作。实物模型能够直观展示设计或产品的实体形态，研究报告则深入阐述项目的研究背景、方法、过程与结论，演示视频利用视听结合的方式讲述项目故事，而现场路演则直接展示学生团队的综合能力，包括演讲表达、应变能力等，每种形式各有侧重，共同展现项目成果的应用价值与创新亮点。

（2）综合评价体系

构建一个科学、全面的评价体系是衡量项目成果质量的关键。该体系应涵盖项目完成度，即项目是否按照既定目标和计划完成；创新性，评估项目在解决问题、方法论或产品设计上的新颖程度；实用价值，考量项目成果对于实际问题解决的贡献度；展示效果，评价展示方式的有效性和吸引力。通过多维度评价，不仅能够公正、客观地反映项目质量，还能引导学生在展示过程中注重内容与形式的双重优化。

2. 项目交流平台的构建与利用

构建有效的交流平台，是促进项目成果传播、激发更多创新灵感的重要途径，包括线上平台与线下活动的整合利用。

（1）线上平台

利用互联网的广泛覆盖性，建立项目展示网站、开设专门的社交媒体账号或加入专业社区，发布项目进展、成果报告、经验分享等内容。这些线上平台可以跨越时间和空间的限制，让成果得到快速传播，吸引更广泛的关注与反馈，促进远程学习与交流。同时，利用数据分析工具，可以跟踪成果的影响力，为后续改进提供数据支持。

（2）线下活动

定期组织项目成果展览、专题研讨会、经验分享会等线下活动，为学生提供一个面对面交流的实体空间。在这些活动中，学生可以直接向观众介绍项目，接受即时提问与建议，通过现场互动深化理解，同时能从其他项目中获得灵感和学习机会。此外，邀请行业专家、企业家参与，可以增加交流的深度和广度，为学生提供宝贵的反馈和指导。

通过构建多样化展示方式和综合评价体系，以及线上线下相结合的交流平台，不仅能够有效展示和评估学生项目成果，还能够促进知识与经验的广泛传播与深度交流，为“专创融合”教育模式下学生能力的全面提升提供有力的支撑。

4.3 “项目驱动”理念下的实践教学效果评价

4.3.1 实践教学效果的多维度评估标准

本节聚焦于“专创融合”实践教学效果的全面评估，强调从学生能力成长、项目完成质量与创新程度等多维度构建评价体系。通过分析学生在专业技能、创新思维、团队协作等方面的提升，以及项目在执行与创新层面的表现，旨在建立一套科学、系统的评估标准，以精准反映教学活动的成效，指导教学实践的持续改进与优化。

1. 学生能力成长的评价指标

在“专创融合”的实践教学模式下，学生能力的多维度成长是评估教学效果的关键指标，主要包括以下几个方面：

（1）专业技能提升

专业技能提升这一指标旨在衡量学生在特定学科或技术领域的专业技能掌握程度，以及在项目实施中将理论知识转化为实际操作的能力。评估时，可关注学生是否能够熟练运用专业工具、软件、技术手段解决实际问题，以及在专业领域内解决问题的效率和质量。

（2）创新思维与实践能力

创新思维能力的评价侧重于学生在面对项目挑战时，能否提出新颖的观点、解决方案或产品设计；实践能力则关注学生将创新思维转化为实际行动的能力，包括实验设计、原型制作、技术实现等。评价时，可通过项目报告、设计作品、创新提案的数量与质量，以及学生在过程中展现出的批判性思维、问题解决策略来进行。

（3）团队协作与沟通能力

在团队项目中，学生在协作过程中的角色扮演、沟通效率、冲突解决、领导力和团队精神等方面的表现是评估的重点。评价可以通过团队成员互评、指导教师观察、团队项目日志等方式进行，关注学生是否能有效沟通信息、协调资源、激发团队活力以及在团队中发挥积极作用。

2. 项目完成质量与创新程度的评价体系

（1）项目完成度

项目完成度是衡量项目是否按时完成，是否达到预定目标的基本标准。评价内容包括项目计划的执行情况、任务完成的全面性和细致程度、项目成果的完整性与规范性。评估时，可以参考项目计划书、中期检查报告、最终成果展示等材料，以及项目实施过程中的进度记录。

（2）创新性评价

创新性是衡量项目对现有知识或技术边界扩展程度的重要指标。评价应从项目设计的独特性、方法论的创新性、技术或产品的原创性以及对社会、经济或学术领域的潜在贡献等角度进行。具体评价时，可以通过同行评审、专家评估、市场反馈等方式，考察项目在解决实际问题、满足用户需求、推动行业发展等方面的创新价值。

实践教学效果的评估是一个系统工程，需从学生能力成长的多个维度以及项目完成的质与量两方面综合考量。通过建立全面、细致的评估标准，可以有效反映教学活动的实际效果，为教学方法的持续优化和教学质量的提升提供科学依据。

4.3.2 学生满意度调查与反馈收集

此部分着重介绍学生满意度调查的方法与反馈信息的分析与利用，指出通过问卷调查、个别访谈等手段收集数据，随后进行深入数据分析并转化为教学质量提升的具体措施。强调了建立反馈机制的重要性，确保学生声音被听见并有效驱动教学模式的持续迭代，体现了“以学生为中心”的教育理念，为提升实践教学质量提供实证基础。

1. 学生满意度的调查方法

为了准确评估实践教学的效果，获取学生的真实感受和需求，采用科学的调查方法至关重要。以下是一些常用且有效的调查方法：

（1）问卷调查

设计一套结构化问卷，覆盖实践教学的各个关键环节，包括但不限于教学内容的实用性和前沿性、教学方法的有效性（如案例教学、项目驱动学习）、指导教师的专业指导能力、实践条件的充足性和便利性等。问卷应采用多种题型，如选择题、量表题、开放性问题，以全面收集定性和定量数据。调查应定期进行，如每学期末或项目结束后，确保数据的时效性和连续性，通过电子邮件、学习管理系统或在线调查工具分发并回收。

（2）个别访谈

在问卷调查的基础上，选取不同背景、表现及参与度的学生进行深入的一对一访谈。访谈内容可更细致地探讨学生对实践教学的具体感受，了解其在学习过程中遇到的挑战、收获的经验，以及对未来教学改进的具体建议。个别访谈能够揭示问卷难以捕捉的深层次信息，为教学改进提供更加细腻的视角。

问卷调查

个别访谈

2. 反馈信息的分析与利用

收集到的学生满意度数据和反馈信息是优化实践教学的宝贵资源，需要通过严谨的分析流程和有效的反馈机制，将其转化为教学质量提升的动力。

（1）数据分析

运用统计软件对回收的问卷数据进行整理和分析，计算各项指标的平均得分、分布情况，识别学生满意度的高点与低点。对于开放性问题的文本数据，则采用内容分析法，归纳总结学生的主要意见和建议。通过数据可视化技术，如图表、雷达图等，直观展示分析结果，便于教学管理者和教师理解并识别改进的方向。

（2）反馈信息

基于数据分析结果，组织教学研讨会，邀请教师、学生代表、教学管理人员共同参与，讨论存在的问题和改进措施。针对反馈中突出的薄弱环节，制订具体的改进计划，如调整教学内容以更贴近行业需求，引入新的教学方法和技术工具，加强教师培训以提升指导能力，或者改善实践条件和资源供给。同时，建立长效的反馈机制，确保学生意见能持续被收集和响应，形成“反馈—分析—改进—再反馈”的闭环管理，不断迭代教学实践，提升学生的学习体验和满意度。

总之，学生满意度调查与反馈收集是实践教学质量管理中不可或缺的一环，它不仅帮助教育者了解教学现状，而且为持续提升教学质量提供了数据支持和方向指引，是实现“以学生为中心”的教育理念、促进学生全面发展的重要保障。

4.3.3 实践教学经验总结与模式推广

本节探讨了成功案例的经验总结和教学模式的改进与推广策略，强调从案例收集、经验提炼到模式创新与示范推广的全过程。通过深入分析成功实践，提炼可复制的教学模式与策略，不仅促进了内部教学质量的提升，还通过多渠道推广，分享有效教学经验，推动教育创新成果的广泛传播，为更广泛教育领域的实践教学改革提供范例与动力。

1. 成功案例的经验总结

在“专创融合”教育实践中，成功案例的经验总结是持续改进教学质量和推动模式创新的重要基础。这一过程涉及两个关键步骤：

（1）案例收集

系统地整理和记录那些在实践教学中表现出色的项目案例，这些案例应覆盖不同的学科领域和专业背景。每个案例应详细记录项目背景，包括项目缘起、目标设定；实施过程，涵盖团队组建、资源调配、实施策略；成果亮点，展示项目最终成果及其实现的社会或经济效益；经验教训，总结实施过程中的得与失。案例收集工作应由教学管理部门或专门的案例研究小组负责，确保案例的代表性、多样性和真实性。

（2）经验提炼

对收集到的案例进行深入分析，通过对比研究、专家讨论、学生反馈等多种途径，提炼出可复制、可推广的教学模式、方法与策略。这包括但不限于项目管理的最佳实践、创新思维培养的有效途径、跨学科合作的机制构建，以及如何有效融合线上与线下教学资源等。经验提炼不仅要关注教学成果的显性表现，还要深入挖掘教学过程中的隐性知识和创新思维激发的机制，为后续教学改革提供理论和实践支持。

2. 教学模式的改进与推广策略

基于成功案例的经验总结，教学模式的持续改进与有效推广是扩大实践教学影响力、提升整体教育质量的关键步骤。

（1）模式创新

在总结经验的基础上，教育机构应鼓励教师和教学设计者不断探索和实验新的教学模式，如结合最新的教育技术、融合更多元化的学习资源和评价方式，使“项目驱动”教学模式更加灵活、高效，更好地适应教育改革的趋势和多样化的人才培养需求。这要求教育机构建立开放创新的环境，支持教师的持续专业发展，鼓励教学研究与实践的紧密结合。

（2）示范推广

为了将成功的教学模式广泛传播，需要实施一系列推广策略。这包括组织教学研讨会，邀请教育专家、优秀教师和项目团队分享经验，通过案例分析、工作坊等形式，帮助其他教师理解和掌握新模式的核心要素；开展公开观摩课，让教师实地观察和学习如何在课堂中有效实施“项目驱动”教学；实施教师培训计划，通过线上线下相结合的方式，系统地传授新教学模式的理念、方法和技巧。同时，利用教育期刊、网络平台等媒体资源，发布案例研究文章、视频教程和教学指南，扩大影响力，形成示范效应，推动实践教学改革在全国乃至全球范围内的深入发展。

通过上述策略的实施，不仅能够巩固和提升已有的实践教学成果，还能促进教学模式的不断创新与优化，为培养具有创新精神和实践能力的高素质人才提供坚实的基础。

第 5 章　“互联网 +”背景下我国大学生创新创业前沿案例

第5章 “互联网+”背景下我国大学生创新创业前沿案例

5.1 “互联网+”背景下的创新创业模式探讨

5.1.1 “互联网+”对传统创业模式的颠覆与重构

本节深入探讨“互联网+”现象如何凭借其强大的数字技术与平台优势，对传统创业模式进行了根本性重塑，从去中介化促进市场效率，到个性化定制引领消费新趋势，再到开放协作模式下的资源共享与快速迭代能力的提升，展现“互联网+”时代创业活动的全新面貌。同时，分析网络环境如何通过降低创业成本、加速信息传播、支持数据驱动决策与资源高效整合，为创业者创造更加友好与高效的创业生态环境，标志着创业门槛的大幅降低与成功率的潜在提升，为创新经济的蓬勃发展注入强劲动力。

1. 分析“互联网+”如何利用数字技术和平台改变传统创业模式

随着数字技术的飞速发展，“互联网+”模式已经深入到各行各业，推动了传统创业模式的根本性变革，具体表现为：

（1）去中介化

互联网平台通过云计算、大数据等技术支持，构建起了直接连接供需双方的桥梁。这种模式减少了传统产业链中的多层中间环节，如分销商、零售商等，使得创业者能够直接与消费者沟通，快速响应市场变化，同时也降低了因中间环节产生的额外成本，提高了交易效率。

（2）个性化定制

利用大数据分析技术，企业能够从海量用户数据中挖掘消费者偏好和需求，实现产品和服务的高度个性化定制。这种精准营销和产品定制策略不仅增强了用户体验，还帮助企业创造出独特的市场竞争力，推动了商业模式的创新和升级。

（3）开放协作

"互联网+"时代，跨界合作变得日益频繁，互联网平台成为了创新资源汇聚和共享的中心。创业者可以跨越地域限制，与全球的合作伙伴共同研发产品、共享数据资源，甚至共同开发市场，这种开放式的合作模式极大提升了创新速度和效率，促进了创新生态系统的形成。

（4）快速迭代

在"互联网+"环境下，敏捷开发和快速迭代成为主流，企业能够迅速根据市场反馈调整产品和服务，不断优化用户体验。这种灵活的开发模式降低了创业风险，使得创业项目能够在快速变化的市场中快速适应并持续成长。

2. 讨论网络环境如何降低创业成本，提高创业效率

网络环境为创业者提供了前所未有的便利和机遇，显著降低了创业门槛，提升了创业效率，具体表现为：

（1）低成本启动

在互联网创业模式下，创业者可以利用线上平台进行产品展示、销售，大大减少了实体店铺租赁、装修等前期投资。同时，通过远程办公、外包服务等灵活的运营模式，有效控制了人力和管理成本，使得创业初始投资大幅降低。

（2）高效传播

互联网的广泛覆盖和社交媒体的普及，为新创企业提供了一个几乎零成本的宣传平台。创业者可以利用 SEO、社交媒体营销、内容营销等策略，迅

速扩大品牌影响力，吸引用户关注，相较于传统广告，成本更低，效果更直接。

（3）数据驱动决策

大数据分析技术的应用，使创业者能够基于实时的数据反馈做出更精准的决策。无论是市场趋势预测、用户行为分析，还是产品优化、营销策略调整，数据都成为指导创业活动的有力工具，有效避免盲目决策带来的资源浪费，提升了决策效率和精准度。

（4）资源快速整合

互联网平台上的第三方服务如云服务、物流、支付系统等，为创业者提供了"即插即用"的解决方案，使得企业可以在短时间内构建起完整的业务链条。这种资源的快速整合能力，大大缩短了产品从设计到市场的周期，提升了创业的整体效率。

"互联网 +"不仅颠覆了传统的创业模式，更以其独有的优势，为创业者开辟了低成本、高效率的创新之路，促进了创业生态的繁荣与多样化发展。

5.1.2 "互联网 +"时代创新创业的新特征与机遇

本部分聚焦于创业教育体系如何与"互联网 +"时代的需求相融合，通过策略性的调整与创新，培养适应数字化时代的创业人才。

1. 描述"互联网 +"环境下创新创业的新特征

在"互联网 +"这一全新时代背景下，创新创业活动展现出了一系列鲜明的特征，这些特征不仅重新定义了创业的模式与路径，也为参与者带来了前所未有的机遇与挑战。

（1）创新驱动

在高度竞争和快速迭代的市场环境中，创新不再是一种选择，而是生存和发展的必备条件。这要求创业者必须具备持续创新的能力，不断探索和实践新的商业模式、产品形态、服务模式，以快速响应市场和技术的变化，满足用户日益增长的个性化需求。

（2）用户中心

用户主权时代的到来，迫使创业者将焦点从产品转向用户，强调以用户需求为核心，围绕用户体验进行产品开发、迭代和优化。这意味着深入理解用户，构建用户画像，利用用户反馈来指导产品和服务的持续改进，从而构建长期的用户忠诚度和品牌价值。

（3）平台化运营

互联网平台以其强大的聚合效应和网络效应，成为连接用户、服务、数据和资源的关键枢纽。创业者通过建立或利用现有平台，可以高效整合上下游资源，促进价值共创与分享，实现规模化增长。平台战略不仅降低了创业门槛，也为创业企业提供了快速扩张的通道。

（4）生态化发展

在“互联网+”时代，单打独斗已不再是成功之道，构建或融入一个开放、协同、互惠互利的生态系统成为新的趋势。这包括与产业链上下游伙伴的合作，跨行业融合创新，共同构建一个能够自我进化、持续增值的商业生态，实现共赢。

2. 探讨大数据、云计算、人工智能等新技术带来的创业机遇

随着大数据、云计算、人工智能等先进技术的广泛应用，创新创业的领域和模式得到了前所未有的拓展，为创业者开启了全新的机遇。

（1）大数据

大数据技术的应用，使企业能够从海量数据中挖掘出隐藏的市场规律和用户偏好，实现精准营销、个性化服务和预测性分析。这不仅帮助企业优化决策过程，还能催生出全新的数据驱动型业务模式，如数据咨询服务、个性化推荐系统等。

（2）云计算

云计算提供了弹性的计算资源和服务，降低了创业初期的 IT 基础设施投资，使得初创企业能够以较低的成本快速启动项目，灵活应对市场变化。同时，云计算的即时扩展性支持企业快速响应业务增长，为业务创新提供了强大的技术支撑。

（3）人工智能

AI 技术的快速发展，为产品和服务的智能化升级提供了可能，创造了

诸如智能家居、智能医疗、金融科技等新兴行业。AI 在提升用户体验、优化运营效率、开辟新市场方面展现出巨大潜力，成为推动产业升级和模式创新的关键力量。例如，通过 AI 技术实现的个性化推荐系统，极大地提升了用户黏性和转化率。

在“互联网 +”时代，伴随着技术创新和应用的不断深化，创新创业活动呈现出鲜明的新特征，并在大数据、云计算、人工智能等技术的驱动下，迎来了前所未有的发展机遇，为创业者开辟了广阔的空间和无限可能。

5.1.3 “互联网 +”环境下创新创业的风险与挑战

此节将阐述政府与社会各界如何通过政策制定与实施，为“互联网 +”创业活动构建有利的生态环境。

1. 分析互联网创业可能面临的法律、技术和市场风险

在“互联网 +”时代，虽然创新创业的机遇众多，但伴随而来的风险也更加复杂且多元，要求创业者具备高度的风险识别与管理能力。

（1）法律风险

互联网创业活动往往涉及大量用户数据的收集与处理，因此，如何确保数据处理符合《个人信息保护法》《网络安全法》等相关法律法规，成为首要法律挑战。此外，知识产权的侵犯、不正当竞争行为以及网络安全漏洞，都可能导致企业陷入法律诉讼，损害企业声誉。为此，创业者需建立合规体系，加强法律培训，确保业务操作合法合规。

（2）技术风险

技术迭代速度快，创新周期缩短，要求互联网创业者不仅要快速掌握新技术，还要能预判技术发展趋势，避免因技术落后而被淘汰。同时，技术实施过程中的潜在故障、系统稳定性问题以及数据安全漏洞，都可能对企业的运营造成重大影响，甚至引发用户信任危机。因此，持续研发投入与建立快速响应的技术支持机制至关重要。

（3）市场风险

“互联网 +”市场环境瞬息万变，用户需求多样化、个性化趋势明显，

新兴业态不断涌现，加剧了市场竞争。创业者需具备敏锐的市场洞察力，通过数据分析准确捕捉市场趋势，灵活调整产品定位与营销策略，以差异化竞争策略应对同质化竞争，同时，需警惕市场需求的泡沫化风险，确保企业的可持续发展。

2. 讨论网络环境带来的创业伦理和信息安全挑战

网络环境的特殊性，不仅放大了传统商业活动中存在的伦理问题，还引入了新的信息安全挑战。

（1）创业伦理

在“互联网 +”时代，用户隐私保护成为伦理关注的焦点，创业者需在追求商业利益的同时，尊重并保护用户隐私权，避免过度采集和滥用个人信息。此外，维护公平竞争环境，避免恶性竞争，以及积极履行社会责任，如环境保护、公益慈善等，也是塑造企业正面形象，获得社会认可的关键。通过建立透明的运营机制，公开沟通政策，企业能有效提升公众信任度。

（2）信息安全

随着网络攻击手段的不断演化，如 DDoS 攻击、高级持续性威胁（APT）、勒索软件等，对互联网创业企业的信息安全防护提出了更高要求。企业需构建多层次、全方位的信息安全防护体系，包括但不限于防火墙、入侵检测系统、数据加密技术、定期安全审计等措施，确保数据传输与存储的安全性。同时，加强员工安全意识培训，制定应急响应预案，以迅速有效地应对信息安全事件，减少损失。

在“互联网 +”环境下，创新创业之路既充满希望又布满荆棘，创业者需全面审视法律、技术、市场以及伦理和信息安全等多维度的风险与挑战，采取积极有效的策略，才能在激烈的竞争中稳健前行。

5.2 “互联网 +”背景下的创新创业成功案例分析

5.2.1 成功案例的商业模式解析

本节通过对美团与拼多多两大互联网巨头的深入剖析，揭示了它们如何通过独特的商业模式和盈利方式，在激烈的市场竞争中脱颖而出。美团凭借其构建的本地生活服务生态系统，以及在商家佣金、在线广告和金融服务的多元化盈利策略，展示了综合性平台的强大力量。拼多多则以其社交电商的创新模式，利用交易佣金、广告收入、商家服务费等，实现了用户与交易量的指数级增长。两者均借助互联网技术的力量，通过精准营销、高效运营和创新服务，塑造了成功的商业范例，为探索“互联网 +”时代的企业增长路径提供了宝贵启示。

1. 美团的商业模式与盈利方式

美团，作为中国领先的本地生活服务电子商务平台，其商业模式的核心在于构建一个综合性的本地生活服务生态系统。平台通过整合餐饮外卖、酒店预订、电影票务、旅游出行等多维度的生活服务资源，为用户提供便捷、高效的一站式解决方案。美团的盈利模式主要表现在以下几个方面：

（1）商家佣金

美团从平台上每笔交易中抽取一定比例的佣金，作为主要的收入来源。随着交易量的增长，这部分收入持续稳定增长。

（2）在线广告

为商家提供推广服务，商家通过在美团平台上投放广告，增加曝光度，美团从中收取广告费用。

（3）金融服务

通过美团金融提供消费信贷、保险、支付等金融服务，进一步拓宽收入渠道。

美团

2. 拼多多的商业模式与盈利方式

拼多多作为社交电商平台的代表，其商业模式创新性地融合了社交网络与电子商务，通过拼团、砍价等社交互动方式，迅速吸引了大量用户，实现了用户数量和交易量的爆发式增长。其盈利模式主要包括：

（1）交易佣金

作为平台，拼多多对促成的每笔交易抽取一定比例的佣金。

（2）广告收入

商家在平台上购买广告位，以提升商品曝光度，拼多多从中获得广告收益。

（3）商家服务费

提供给商家的一系列增值服务，如数据分析、店铺优化等，也是其收入的一部分。

拼多多

3. 如何利用互联网技术和思维实现增长

（1）互联网技术赋能

美团利用大数据分析技术，深入挖掘用户行为模式，实现精准营销与个性化推荐，提升用户体验和转化率。同时，云计算技术的应用增强了平台的处理能力，确保了高峰期的稳定运行，提升了服务效率。移动支付技术的集成简化了支付流程，加快了交易速度。

拼多多同样依赖大数据技术进行用户画像构建，实现精准推送和商品匹配，利用社交网络的病毒式传播特性，低成本、高效地扩大用户基数。其技术架构支持大规模并发，确保了社交电商模式的顺畅运行。

（2）创新商业模式

美团通过构建“超级 App”战略，实现了多业务板块的高效协同，增加了用户黏性，形成强大的生态系统。用户在享受便捷服务的同时，也在平台内形成了多场景消费的闭环。

拼多多创新性地将社交元素融入电商交易，通过“拼团”“砍价”等社交玩法，不仅降低了获客成本，还通过用户的社交网络实现了用户量的指数级增长，开创了社交电商的新模式。

（3）精细化运营

美团在用户运营上采取精细化策略，根据不同用户群体和消费场景提供定制化服务和优惠，有效提升了用户满意度和转化率，增强了用户忠诚度。

拼多多通过 C2M 模式，直接连接消费者和制造商，减少中间环节，降低成本，提供高性价比的商品，满足了下沉市场消费者的特定需求，实现了供应链的高效运转。

美团与拼多多的成功案例表明，充分利用互联网技术，结合创新的商业模式，辅以精细化的运营策略，是实现企业快速增长和市场领先地位的关键。这些企业在各自的领域内，通过深度整合资源、优化用户体验、创新互动模式，成功地构建了强大的市场竞争力和用户基础。

5.2.2 成功案例的核心竞争力分析

本部分着重分析了美团与拼多多维持市场领导地位的核心竞争优势。从产品与服务的多样性与高性价比，到技术驱动的市场洞察与用户体验优化，再到深植市场的策略与合作网络构建，两个案例展示了如何通过不断的创新、深化合作与用户价值最大化来巩固市场地位。此外，它们在社会责任领域的积极行动，进一步强化了品牌形象，为企业的长远发展构筑了坚实的社会基础。

1. 产品与服务的竞争优势

美团的核心竞争力在于其全面的生活服务矩阵。它不仅局限于餐饮外卖，而且涵盖了酒店预订、旅游景点门票、休闲娱乐、健康医疗等多元化的服务类别，满足了用户从日常到特殊需求的全方位消费场景。这种广泛的产品线设计，使得美团能够成为多数用户日常生活中的首选服务平台。此外，美团注重服务质量的优化，通过建立严格的商家审核机制、提供专业的培训支持，确保了平台上服务的高标准和可靠性。

拼多多则以高性价比商品为核心竞争力，聚焦于满足价格敏感型用户的购物需求。通过拼团模式，拼多多不仅降低了商品价格，还创造了参与感强、趣味性高的购物体验。此外，拼多多通过“多多买菜”等新业务，进一步渗透生鲜电商领域，拓宽了其产品范围，加强了对家庭日常消费市场的吸引力。

2. 技术与市场的竞争优势

在技术层面，美团展现出了强大的数据处理与分析能力，这构成了其精准营销和个性化服务的基石。美团运用先进的算法模型，对海量用户数据进行深度挖掘，实现对用户偏好的精准把握和智能推荐，从而提高了交易效率和用户满意度。同时，积极探索无人配送等前沿科技，旨在进一步提升服务效率和降低成本。

拼多多则巧妙地利用社交网络效应，构建了一套高效的用户获取与留存体系。通过社交裂变，拼多多能够迅速扩大用户基础，同时，平台的算法不断学习用户的社交行为和购物偏好，为用户提供更加个性化的商品推荐。这种基于社交的技术应用，极大地增强了用户黏性和活跃度。

在市场布局上，美团通过深耕本地生活服务市场，实现了全国各级城市的广泛覆盖，构建了一个线上线下深度融合的服务网络。这种深度的市场渗透，使得美团能够更好地理解并满足不同地区用户的特定需求。

拼多多则凭借其社交电商的独特优势，快速占领了下沉市场。通过“百亿补贴”等营销策略，拼多多吸引了大量价格敏感的消费者，实现了用户规模的爆炸式增长。同时，拼多多积极与品牌商和制造商合作，优化供应链，确保了商品的高性价比和供应稳定性。

3. 建立和维护市场地位的策略

持续创新是美团和拼多多维持市场领先地位的关键。美团通过推出社区团购、外卖无人配送等创新业务，不断拓展服务边界；而拼多多则通过“多多买菜”、持续的“百亿补贴”活动等，保持了其市场活力和用户吸引力。

深化合作是两家公司巩固市场地位的又一重要途径。美团与各类生活服务商家、金融机构等建立了广泛的合作伙伴关系，共同推动本地生活服务生态的繁荣发展。拼多多则与品牌商、制造商紧密合作，通过C2M模式缩短供应链，提高效率，同时保障商品质量，增强用户信任。

用户价值提升始终是美团和拼多多关注的核心。两家公司不断优化用户体验，提升服务质量和商品性价比，通过会员体系、积分奖励、高效客服等措施，增强用户忠诚度，构建长期用户关系。

履行社会责任也是它们赢得公众信任和市场尊重的重要方式。无论是美团在疫情防控期间的“无接触配送”服务，还是拼多多在扶贫助农项目上的投入，都展现了企业对社会责任的重视，提升了品牌形象，为企业的可持续发展奠定了坚实的社会基础。

5.2.3 成功案例的社会价值与经济贡献

从创造大量就业机会、促进传统产业的数字化转型，到极大提升消费生活的便利性，两家公司不仅推动了经济的增长与结构优化，还通过其平台效应加速了农业现代化和制造业的升级。它们的经济贡献不仅体现在直接的财务指标上，更在于通过带动整个产业链的协同发展，为中国经济注入了新的活力，彰显了数字经济企业在促进社会发展中的积极作用。

1. 社会价值评估

（1）就业创造

美团和拼多多作为中国数字经济的领军企业，对就业市场的正面影响显著。美团通过其庞大的本地生活服务网络，不仅为数百万外卖骑手提供了灵活就业的机会，还间接带动了大量餐饮、酒店、休闲娱乐等商家的招聘需求，促进了就业市场的繁荣。拼多多则通过其社交电商平台，为众多小微商家、农产品生产者提供了线上销售的渠道，带动了电商运营、物流配送、客户服务等相关领域的就业增长，为社会创造了大量的就业机会，尤其是在农村和欠发达地区。

（2）产业升级

美团通过其强大的技术能力和平台优势，加速了传统服务业的数字化转型，特别是在餐饮、旅游、住宿等行业，推动了线上预订、智能调度、数据驱动决策等现代管理方式的普及，有效提升了行业的运营效率和服务质量。拼多多则利用其平台规模效应，促进了零售业的供应链重构，通过 C2M 模式直接连接消费者与制造商，推动了制造业的个性化定制和效率优化，同时在农业领域，通过“农货上行”项目，帮助农产品直接触达消费者，优化了农业供应链，提升了农民收入，促进了农业现代化。

（3）消费便利化

两家公司通过技术创新，极大地方便了消费者的日常生活。美团提供的即时配送服务、在线票务预订等，让城市居民享受到“一键即达”的便捷生活服务。拼多多则通过其社交电商模式，以“拼团”“秒杀”等创新，为消费者带来了更加实惠、有趣的购物体验，使得商品价格更加透明，购买过程更加简单快捷，显著提升了消费者的生活质量。

2. 经济贡献估算

尽管具体的财务数据属于商业机密，但从行业分析和公开报道中可以大致推算，美团与拼多多对中国经济的贡献巨大。据行业分析师预测，至 2027 年，美团的年收入规模有望达到数千亿人民币，净利润可能达到数百亿人民币，反映出其在本地生活服务领域的领先地位和强大的盈利能力。拼多多方面，同样预估其年收入将达到数千亿人民币级别，净利润突破百亿人民币，显示了社交电商模式在推动消费、激活内需方面的强劲动力。这些经济收益不仅体现了企业的直接贡献，也包括通过带动上下游产业链发展、促进就业、增加税收等间接经济效应，对促进经济增长、结构优化具有重要意义。

美团与拼多多在创造就业、推动产业升级、提升消费便利化以及对经济的直接与间接贡献方面，展示了其在数字经济时代的重要社会价值与经济影响力，为中国乃至全球经济的发展注入了强劲动力。

5.3 “互联网 +”背景下的创新创业失败案例反思

5.3.1 失败案例的原因深度剖析：以 ofo 共享单车为例

本节通过 ofo 共享单车的兴衰历程，深入剖析其失败的根本原因，从过度依赖资本盲目扩张、内部管理不善到战略决策失误等多个维度，揭示了企业在快速发展中易犯的错误。以此为鉴，我们总结了互联网创业中普遍存在的陷阱，如盲目跟随趋势、忽视盈利模式、轻视日常运营和缺乏法律意识等，强调了在创业初期即应建立可持续商业模式和合规框架的重要性。

ofo 小黄车

1. 分析 ofo 的失败原因

（1）过度烧钱

ofo 在早期发展阶段，为了迅速扩大市场份额，采取了大规模投放车辆的策略，忽视了对盈利模式的深入探索。这种盲目追求规模效应的做法导致了巨大的资金消耗，尤其是在没有清晰盈利路径的情况下，持续的资金投入并未转化为可持续的商业模式，最终导致资金链断裂，无法支撑公司的持续运营。

（2）运营管理混乱

在快速扩张的过程中，ofo 未能建立起有效的车辆维护和调度机制。大量共享单车因缺乏维护而损坏，影响用户体验；同时，车辆乱停乱放现象普遍，加之调度不及时，不仅影响了城市公共秩序，而且加剧了用户的不满情绪，导致用户流失率攀升。

（3）战略失误

ofo 在国际化扩张过程中，未能充分评估海外市场的复杂性，包括当地政策法规、文化差异、市场竞争状况等。面对不同国家和地区的政策限制、竞争对手的激烈竞争，以及高昂的运营成本，ofo 的海外战略未能取得预期效果，反而加重了公司的财务负担。

2. 探讨互联网创业中常见的错误和陷阱

（1）盲目跟风

许多互联网创业者在未深入分析市场需求和自身优势的情况下，盲目追随市场热点，缺乏独特价值主张。这种跟风行为往往导致市场饱和、同质化竞争严重，缺乏长期竞争力，最终难以在市场中立足。

（2）忽视盈利

互联网创业常常过分依赖风险投资，忽视了对商业模式的深入思考和盈利路径的探索。缺乏健康的自我造血能力，一旦外部融资环境发生变化，企业很容易陷入资金困境，难以维系。

（3）轻视运营

一些创业项目在产品上线初期获得初步成功后，忽视了后期的精细化运营，包括用户体验优化、用户反馈收集、服务品质提升等。长期的运营忽视会导致用户体验恶化，用户流失率增加，难以形成稳定的用户群体和口碑效应。

（4）忽略合规

在互联网快速迭代的环境中，部分创业者对法律法规的重视不够，尤其是在数据隐私保护、版权、市场竞争等领域，容易触碰法律红线，面临监管处罚和信誉危机，严重时甚至导致企业倒闭。

ofo 的失败案例警示我们，互联网创业需警惕盲目扩张、忽视盈利模式探索、运营管理不善以及战略决策失误等陷阱。同时，深入分析互联网创业中的常见错误，对于指导未来创业者避开陷阱、稳健发展具有重要的现实意义。

5.3.2 失败案例的经验教训总结：ofo 案例的深刻启示

借鉴 ofo 的教训，本节归纳了一系列对创业者具有深远意义的策略建议，包括商业模式的创新探索、精细化运营的实施、海外扩张的审慎策略，以及合规经营的必要性。这些经验不仅指导企业如何在竞争激烈的市场中稳固根基，而且提醒创业者在追求增长的同时，必须兼顾盈利、运营效率、国际化战略的周全考虑，以及始终坚守法律与道德的底线。

1. 重视商业模式创新

ofo 的教训凸显了商业模式创新对于企业生存的重要性。企业应深入探索和验证其商业模式，确保其既能满足市场需求，又能实现盈利。这要求创业者在追求市场份额的同时，更加重视盈利模式的构建，实现收入来源的多元化，确保现金流的健康循环。例如，可以探索广告合作、数据服务、增值服务等附加盈利点，形成稳定的收入支柱，而非仅仅依赖单一的用户付费模式。

2. 精细化运营管理

精细化运营是提升用户体验、维护企业形象的关键。ofo 的失败揭示了忽视运营细节所带来的巨大代价。未来的创业者应当从一开始就重视运营的每一个环节，包括但不限于产品质量控制、用户服务、数据分析与反馈处理等。建立高效的运维团队，利用物联网、大数据等技术手段优化车辆调度、预防性维护，以及快速响应用户投诉，都是提升用户满意度、减少用户流失的重要措施。

3. 稳健海外扩张

ofo 的海外扩张教训告诫企业，国际化战略需谨慎规划，充分评估政治、经济、文化等多维度的市场风险。在进入新市场前，应进行详尽的市场调研，了解当地政策法规、消费者习惯及竞争对手情况，制定符合本土化需求的市场策略。此外，建立强有力的本地合作伙伴关系，利用其市场经验和资源，可以有效降低进入壁垒，提高成功率。

4. 合规经营

合规是企业长期发展的生命线。ofo在扩张过程中忽视了法律法规的遵守，最终付出了沉重代价。对于任何互联网企业而言，应将合规视为核心竞争力之一，加强对国内外相关法律法规的学习与遵守，特别是在数据安全、隐私保护、反垄断等领域。建立完善的合规体系，设立专职合规团队，定期进行合规培训与风险评估，确保企业的健康发展不偏离法律轨道。

ofo的案例为互联网创业提供了宝贵的教训，强调了商业模式创新的必要性、精细化运营管理的重要性、海外扩张的谨慎态度，以及合规经营的基石作用。这些经验教训对于指导未来的企业战略规划、运营管理和风险控制，具有深远的意义。

5.3.3 失败案例对大学生创业的启示与警示

针对大学生这一充满激情与创意的创业群体，本节通过ofo等失败案例，阐述了对年轻创业者在项目选择、盈利模式构建、团队组建及法律遵循等方面的警示。同时，对创业教育与实践提出了改进建议，强调了实战经验积累、风险意识培养、全方位创业支持系统构建、鼓励多元化创业尝试以及营造积极创业文化的重要性。这些内容共同为即将踏上创业征程的大学生提供了宝贵的指导与思考，旨在帮助他们在创业之路上走得更稳、更远。

1. 失败案例的启示

（1）理性看待风口

大学生创业者应当从ofo等失败案例中吸取教训，避免盲目追求市场热点而忽视了项目本身的实际价值和长期发展潜力。在选择创业方向时，应基于个人兴趣、专业技能，以及对市场需求的深入调研，确保项目具有明确的市场需求和可持续的竞争优势。

（2）重视盈利模式

早期创业阶段就需构建清晰的盈利模式，这是企业生存与发展的基石。大学生创业者应避免过度依赖外部融资，转而专注于探索如何通过产品或服务创造价值，实现自我造血。实践证明，缺乏明确盈利路径的项目难以持久。

（3）注重团队建设

成功的创业项目往往背后有一个高效、互补的团队。大学生在创业时，应重视团队成员间技能的搭配与性格的互补，确保团队既有创新思维又有执行能力，能够有效应对创业过程中的各种挑战。

（4）关注法律法规

合法合规是企业运营的底线。大学生创业者在启动项目之前，务必深入了解与行业相关的法律法规，确保项目运作不触及法律红线，避免因法律知识匮乏导致项目夭折。

2. 失败案例的警示

（1）创业教育应注重实践性

高校应将创业教育与实际操作紧密结合，通过模拟创业比赛、企业实习、创业项目孵化等形式，让学生在实践中学习市场分析、财务管理、团队管理等关键技能，提高创业实践能力。

（2）强化创业风险教育

创业教育不仅要教授成功案例，更要分析失败原因，帮助学生建立对创业风险的正确认知。通过风险评估、案例研讨等方式，培养学生的风险意识，学会在不确定性中作出决策，增强抗压能力和适应变化的能力。

（3）提供全方位创业支持

学校应构建完善的创业支持体系，包括但不限于创业指导服务、资金对接平台、政策解读与咨询等，为学生创业提供从项目孵化到市场推广的全程指导和支持，降低创业门槛，提升创业成功率。

（4）鼓励多元化创业尝试

创业教育应鼓励学生探索多元化的创业领域，无论是科技创新、生活服务，还是文化艺术、社会公益，都是展现创新思维和解决问题能力的舞台。通过多元化尝试，学生能够拓宽视野，发展跨领域合作的能力。

（5）倡导创业精神和创业文化

构建积极向上的创业文化，鼓励学生敢于梦想、勇于实践，即使面对失败也要有从头再来的勇气。通过举办创业论坛、成功创业者分享会等活动，营造尊重创新、鼓励尝试的校园氛围，激发学生的创业激情和创新潜力。

通过对失败案例的深入分析和反思，大学生创业者能够获得宝贵的教训，而创业教育和实践指导的不断优化，则为他们提供了更为坚实的知识基础和实践平台，共同推动着新一代创业者在挑战与机遇并存的创业道路上稳健前行。

▸▸ 第 6 章　南宁学院公益创业教育回顾与展望

第 6 章　南宁学院公益创业教育回顾与展望

6.1 南宁学院公益创业教育回顾

6.1.1 南宁学院公益创业教育教学

1. 南宁学院公益创业教育改革研究

传承英雄正气新体验——思政教育与专创融合教育协同育人有效路径探索

一、研究背景

蕴含丰富革命精神与历史内涵的红色文化既是广西重要的精神文化资源，也是广西高校推进爱国主义教育和核心价值观教育的重要载体，作为高校思想政治教育的有力抓手，其与生俱来的价值导向、合作进取、文化自信对塑造当代大学生创新、果断、合作、自信、坚持的创新创业品质同样能够起到重要的作用。南宁学院作为一所立足南宁、面向广西、辐射泛北部湾区域的应用型本科高校，以培养“做人有品格、就业有本领、创业有能力、深造有基础、发展有后劲”的高素质应用型人才为培养目标，秉持“发现真问题、找出真需求、提出真方案、做出真项目”的创新创业教育理念。近年来，在进行专业教育与创新创业教育协同育人的同时，认真思考与落实习近平总书记对我国教育界提出的“培养什么人、怎样培养人、为谁培养人”的三大根本问题，努力将思想政治教育融入创新创业教育全过程，在已有课程基础上结合广西红色文化资源，升级打造集思想政治教育、创新创业教育、通识教育于一体的《社会实践：传承英雄正气新体验》特色校本课程。这不仅是对思想政治教育与创新创业教育协同育人的全新探索，也是对二者充实教育内容、拓宽教育渠道、丰富教育形式的应用实践。

二、实践过程

（一）特色课程设计

《社会实践：传承英雄正气新体验》特色课程由理论教学与实践教学两部分组成，理论教学以弘扬各个时期的时代英雄为主题，并随着社会发展与变革不断更新迭代课程教学内容，使学生不仅能够感受到革命抗战时期经典的广西红色文化与战争英雄，同时能了解近年来出现在我们身边的各行各业的英雄，如扶贫英雄、抗疫英雄等，主要对学生的实践教学起引领作用；实践教学模块即组织学生开展系列社会实践活动，通过带领学生进行烈士纪念遗址社会调研，旨在提升当代大学生精神气质，让学生真正走近英雄、记录英雄、传播英雄、思考英雄，并通过“红色公益”创新创业的形式用自己所学专业知识对英雄以及英雄的亲属、后代进行制度化、系统性的关爱，从而实现立德树人的根本任务。

广西地处我国西南边陲，在邻省交界地区及其边关地区留存了大量的历史资源、红色资源、开放资源、发展资源，而本课程正是将广西特有的珍稀英雄历史文化资源、红色资源与发展资源挖掘出来，通过建设校内、校外多个实践教育基地，将红色资源转变为育人的教学资源，形成课程思政的新路径，创新了实践育人的载体，真正做到区域优质资源在基础较差高校的落地应用，从而吻合地方高校为地方经济社会发展服务的办学使命与服务面向定位。

本课程聚焦爱国情怀、民族气节、精神气概、必胜信念等立德树人关键任务，构建学生实践动手能力体系，将每个实践环节与流程确定为学生能力培养的路径，并通过建立多种社会实践的新载体，创新多种社会实践形式，形成完整的“以能力产出为导向”的课程实施方案。同时突出课程在内容与形式上的新体验，在学生实践教学模块开展“红色公益”创新创业教育，学生以真实的社会需求为起点、解决社会痛点问题为目标，紧紧围绕“走近英雄”“记录英雄”“传承英雄”“关爱英雄”四大主题实践活动，最终达到关爱英雄、奉献社会、服务地方的目的。让学生在广西区域的广阔课堂行中学、学中思、思中创，体现应用型课程的鲜明特性。

（二）“红色公益”育人

广西是西南地区革命战争的重要阵地，其拥有与邻国接壤的1020千米陆地边境线与1595千米的海岸线也使广西在漫长的历史岁月中担起了保家卫国、抵御外敌的责任与使命。遍布广西的丰富红色文化历史资源是无数革命先辈留给后人的宝贵遗产，而要在当代大学生中继续传承革命英雄意志、弘扬保家卫国精神、开展红色思政教育需要广西高等教育的广泛参与。广西许多红色文化分布地区由于自然条件等原因的局限性导致经济相对欠发达，许多地区被确定自治区级乃至国家级贫困县，因此广西高校发掘当地的红色资源、提取英雄元素、研究发展前景，并将其转换为生动的教育资源，不仅丰富了教学形式，带动学生通过“红色公益”创新创业教育真正参与到关爱英雄、基层扶贫、服务地方的事业中，而且能为当地的经济文化建设贡献一份力量。

传承红色基因是拓宽大学生创新创业教育内涵的重要抓手，《社会实践：传承英雄正气新体验》课程涵盖思政教育、创新创业教育、通识教育，并且大学生在进行创新创业项目的同时需运用专业教育的知识，为提升大学生精神气质、塑造大学生思想品格、引导大学生合作进取、强化大学生坚韧意志开辟了特色路径，有助于促进创新创业教育发展、丰富创新创业教育内涵、明确中国特色创新创业本质，为大学生成才成人自我提升提供前进动力。

从大学生个人成长来看，公益创业所具有的价值创造倾向能引导大学生在追求个人利益的同时关注社会问题，从而在致力于解决社会问题的同时达成个人价值与社会集体价值的共同实现。而红色文化的融入使“红色公益”

创新创业在思想上为国家培养政治过硬的社会主义新人、在行动上培养社会主义核心价值观的践行者均起到了重大的作用。并且，本课程不断深入发掘随着时代变化而不断汲取时代精神和理念的红色文化，用大学生身边最鲜活的内容为其提供源源不断的精神养分，潜移默化地满足大学生追求价值认同与创造价值满足感的根本需求。

（三）思创融合实施

以《社会实践：传承英雄正气新体验》实践模块中的一节“走进广西龙州烈士陵园”社会实践课为例，分析如何通过让学生走出校门、走近英雄、找准需求、服务社会，让学生认识历史、了解区情，学会使用社会调查方法，提升资料收集、分析判断能力与发现问题、探索解决方案的能力，培养家国情怀，提升英雄正气，使思政教育、创新创业教育、通识教育在一堂课中同时进行。

本堂社会实践课首先让学生走出校园、走进位于广西边境的龙州烈士陵园，在庄严肃穆的英雄纪念雕像前举行庄重的集体祭奠活动，通过师生共唱国歌、集体默哀、敬献鲜花、鞠躬致敬等方式，带领学生悼念革命英烈。随后，全体师生面朝边境线方向，主讲教师向学生讲授历次戍边卫国历史与烈士陵园概况，并播放在战争时期创作的歌曲《再见吧，妈妈》，让学生感受身后长眠于烈士陵园中的战士们当初不惧危险、奔赴前线的壮烈心情。步入烈士陵园后，教师向学生分配主要实践任务，让学生统计烈士们的牺牲年月、籍贯、立功受奖的情况等，在统计过程中找寻与自己同一家乡的烈士，思考如何通过“红色公益”创新创业的方式，将烈士们的英勇事迹保留记录下来，通过新的技术手段与媒体方式将他们的故事传播开来，回到家乡用更好的方式关爱英烈们的亲属后代。

在烈士陵园中教师带队考察烈士墓，并向同学们重点介绍烈士墓中与英名墙上的英雄代表事迹，其中曾参与过边境防卫作战如今仍健在的“一等功臣”“钢铁战士”肖家喜英雄，其独自一人掩护战友撤离，负伤后爬行9天回国，身上背的一支半自动步枪、一枚手榴弹和三百发子弹等武器装备一件未丢，光荣完成了给养员使命的事迹与钢铁意志给同学们留下深刻印象，引发了他们对今后学业、事业的思考与面对生活艰难挑战时的信息和勇气。在郭蓉蓉烈士墓前，师生们通过倾听歌曲《雨花石》与烈士对话，在肃穆的氛围中对歌曲产生不同的感悟，对守护我国边疆、保卫人民安全的英雄们产生共鸣。在课堂尾声，师生们共同分享实践体会，主讲教师结合当下关于英烈的现状，反思战争，反思自己，促使学生燃起铭记英雄、保护英雄、传承英雄精神的强烈意识与担当。

三、实践效果

《社会实践：传承英雄正气新体验》特色课程开设多年，在教学内容与教学形式上不断地更新迭代，现已成为我校一门集思政、创新创业、通识等教育于一体的校本大思政课，结合我校办学定位与人才培养目标，有针对性地对我校学生的实际情况进行教学内容调整，取得了较好的实践教学成果。学生在理论学习中，能唤醒其强烈的服务意识与责任感，将在革命英雄身上学到的勇往直前、不惧艰难困苦的精神渗透进创新创业教育中。而学生在进行实践学习时同样也在进行着创新创业活动，为当地脱贫攻坚贡献一份自己的力量，通过身体力行提升其思想道德品质。通过本课程的学习，学生的思想境界与创新创业能力和意识明显提高，实践动手能力显著增强，团队沟通与合作能力在进行“红色公益”创新创业项目后也得到提升。本课程将思政教育、通识教育、专业培养与创新创业教育充分结合，理论学习与实践应用相互补充，对中国特色创新创业教育路径的探索起到了积极作用。

四、结语

打造适合地方性应用型本科高校特色的创新创业教育课程，在“红色公益”创新创业教育中实现与专业教育相融合、与思政教育相统一、与通识教育相结合的理念，更能彰显中国特色社会主义教育的“魂”，更能培养扎根中国大地办教育的“根”，更能继承中国教育红色文化基因的“本”，对培养高素质的创新创业应用型人才至关重要。今后，本课程将继续强化“红色公益”在创新创业教育中的思想引领、方向引领、路径引领作用，唯有这样，才能保证创新创业教育实现立德树人的根本任务，才能实现地方应用型高校服务地方经济社会发展的使命与责任。

2. 南宁学院公益创新创业教育实践教学设计样例

【集中实践教学环节】

一、实践内容

“走近英雄”系列社会实践活动——走进广西龙州烈士陵园

二、实践目标

以亲历者和科研工作者的身份，带领学生走进烈士陵园，让学生认识历史、了解区情，学会使用社会调查方法，提升资料收集与分析判断能力，并用专业知识与创新创业课程所学以创新的方法解决实践过程中发现的痛点问题，培养学生家国情怀，提升英雄正气。

三、实践重点

烈士墓碑背后的历史与英雄事迹。

四、实践难点

学生对历史事件的时代感和对英雄精神的认同感。

五、实践方法

观察法、分析法、情境法。

六、实践活动实施流程

▶ 流程1

带领学生走进烈士陵园。

走进龙州烈士陵园

▶ 流程 2

集体祭奠活动

默哀、献花、敬酒、鞠躬。

祭奠英烈活动

▶ 流程 3

主讲教师面向国境线介绍历次戍边卫国历史与烈士陵园概况。

主讲教师介绍历次戍边卫国历史与烈士陵园概况

▶ 流程 4

主讲教师分配主要实践任务

统计牺牲年月、烈士籍贯、立功受奖情况；寻找家乡的烈士；找出烈士墓与英名墙的区别并说出背后的历史。

主讲教师分配实践任务

▶ 流程 5

主讲教师带队考察重点烈士墓并介绍重点烈士事迹。

主讲教师介绍重点烈士事迹

▶ 流程 6

与烈士的对话

与烈士共听一首歌——《雨花石》。

通过歌曲《雨花石》与烈士对话

▶ 流程 7

师生分享实践体会。

师生现场分享感受

▶ 流程 8

主讲教师结合当下关于英烈的现状，反思战争，反思自己，促使学生燃起铭记英雄、保护英雄、传承英雄精神的强烈意识与担当。

主讲教师实践活动总结

6.1.2 南宁学院公益创业教育优秀参赛项目

1. 不惑青春

不惑青春——中国首个南疆卫国老兵关爱及英雄精神传承项目

（青年红色筑梦之旅赛道）

获奖证书

陆辰艳、张小妞、阙法雄、吴滢滢、廖志鸿、王海铭、凌远锦、喻瀚锋、薛石兰、黄丽坚、叶万龙、杨媚媚：

你们的作品《不惑青春——中国首个南疆卫国老兵关爱及英雄精神传承项目》，在第五届中国“互联网+”大学生创新创业大赛中荣获 银奖

指导教师：马骏、黄如、邓海贝、韦林杉

特发此证，以资鼓励。

主办单位：
教育部、中央统战部、中央网络安全和信息化委员会办公室、
国家发展和改革委员会、工业和信息化部、人力资源和社会保障部、
农业农村部、国家知识产权局、中国科学院、中国工程院、
国务院扶贫开发领导小组办公室、共青团中央、浙江省人民政府

中国“互联网+”大学生创新创业大赛组织委员会

证书编号：201920055

一、创业背景

“儿啊，妈来看你了！ 20 年啊，终于见到了！原谅妈妈吧，妈妈可是日夜都在想你啊！”

报告厅的大屏幕上显示着一张照片，一位白发苍苍的老妈妈抚摩着冰冷的墓碑，仰天痛哭。

报告厅下是 500 余名大学新生，即使自诩为硬汉的男生们也在偷偷抹着眼泪。当时团队成员就坐在台下。

这是一场讲座的场景。不惑青春公益创业项目就开始于两年前的这场讲座。

讲座的主讲人叫陈雄章，一位著名的历史学者，研究对越自卫反击战已近 20 年。

通过他的讲述，团队成员知道了画面上这位老妈妈叫赵斗兰，云南嵩明县人，她的儿子赵占英是一位烈士，1984 年牺牲，长眠于麻栗坡烈士陵园。

从嵩明到麻栗坡，400余公里。老妈妈因为生活拮据，凑不够路费，一直没能够到儿子的墓前看一看。2004年，在嵩明县民政局的资助下，老妈妈终于看见了儿子，即便是冰冷的墓碑，老妈妈还是像20年前一样，慈爱地抚摩着。

老妈妈的事例只是万千感人案例中的一个，关于广西边境卫国战争的感人故事还有很多。

从陈教授的讲解中，成员知道了这一段被尘封的历史；知道了有这么一批人，他们用血肉筑起了祖国的国防线，为我们带来了改革开放的稳定国际环境。

知道了他们在战后如何深藏功与名，继续为了建设家乡而奋斗，即便是失去双眼双腿，依然乐观坚强。

团队负责人陆晨艳说：

“从那一刻开始，我觉得我应该为他们做些什么，以新时代大学生的名义做些什么。”

就这样，在学校领导的大力支持下，项目扬帆起航。

二、创业历程

关于创业的历程，项目负责人陆晨艳对《中国教育报》记者说了这样一段话。

天堂太远，地狱很近。这句话或许不太恰当，但我们的创业之旅真的如此。在想象中，我们有情怀，有热血，前路应该满是鲜花和掌声，然而走了才知道，这条路荆棘密布。

【荆棘一】

找老兵

在人们的印象中，公益创业最容易的就是找服务对象，但对于我们这个项目而言，找到亟须服务的老兵并不容易。

原因有二，一是那场战争已经过去了将近40年（1979—2017）很多资料不全；二是很多困难老兵生活在山区，交通不便，信息不畅。

当我们通过一些老兵联谊会找到一些老兵信息，激动地打过去电话时，大多遭遇闭门羹，还有老兵直言不讳：

“你们是不是电话诈骗，搞传销的？”

遭遇了挫折后，我们调整策略，主动拜访民政厅（后来新成立退役军人事务厅），寻求支持。刚开始，民政厅对我们比较戒备，认为我们几个学生社会阅历不足，会不会把好事干成坏事，影响社会和谐。后来进行了反复的沟通，退役军人事务厅了解了我们的情况，看到我们确实是实实在在做公益，还取得了一定的成效，便接纳了我们，开始向我们提供必要的协助。

有了退役军人事务厅的支持，寻找老兵变得容易起来。

经过这件事，我们也认识到，创业必须善于整合资源，要取得政府部门和利益相关方的支持，必须摒弃单打独斗的想法。

【荆棘二】

经费

钱，让人爱恨交加。它决定着所有创业项目的生死。

对于商业类的创业项目，或许还可以通过出让股权换取投资。但对于公益项目而言，绝无可能。

还不到一个月，学校资助的立项启动金就用完了。而这个时候，我们连如何做公益的路还没有打通。我们几个创始人基于情怀，可以分文不取，可开展业务是需要费用的，去看望老兵是需要交通费用的，慰问老兵是需要资金的。没有钱，寸步难行。

我们首先想到了向学生募捐，后来知道这样做是不合法的，因为我们没有公开募捐的资格。

我们还试图说服企业直接捐助给老兵，后来发现企业要做账，需要慈善票据抵税，直接捐赠不太可行。

于是我们把目光转到“自造血”，开发一系列文创、文旅产品，通过销售获利，扣除必要开支后，利润用于公益。这种方法基本可行，但收入并不高，只能解决生存问题。

不管怎样，生存问题解决了。

解决生存问题后，我们得以腾出精力探索各种“公益造血”方式。项目就这样慢慢发展开来。

穿过这片荆棘我想告诉各位创业者，创业第一件事就是“活下来”，只有活下来才能实现梦想。靠天靠人不如靠己。自己能够“造血”才是王道，靠向投资人融资度日的创业不会长久。

【荆棘三】

模式

事半功倍还是事倍功半？运作模式起了关键作用。

项目坚持了一年后，业务量逐渐增大，开始小有成效。但之前为了活下来而“野蛮”打拼的后果开始显现。业务模式太多，大小业务全接，没有章法，每天都疲于拼命。此时的状态可谓事倍功半。

这时候，导师们向我们提出了要求：围绕初心和自身特长对业务进行聚焦，简化商业模式，简单事情重复做，把体量做上去。

经过讨论，我们把使命聚焦为两个：关爱卫国老兵、传承英雄精神。

围绕这两个使命从帮扶卫国老兵、记录英雄故事、传承英雄精神三个方面梳理业务。

结合公益项目的特殊性，形成了10+5+10的公益业务矩阵，从“生活扶济”“温情探助”“医护助力”“助残康养”“专项捐助”这五个方面进行制度化、系统化的关爱。

精简造血机制，保留“广西慈善总会·不惑青春·关爱南疆卫国老兵基金”、英雄兵哥IP授权、红色文旅素拓三大造血机制。

最终探索出专项基金 ＋社会企业分工合力的公益模式。经过近两年的实践，该模式展现出强大的生命力，项目开始蓬勃发展。

穿过这片荆棘，我想把体会告诉大家。

如同生产力与生产关系之间的关系，运作模式也需要辩证思考和动态调整。运作模式一定要聚焦，一定要化繁为简，一定要实事求是，不要照搬，不要盲从。还有最重要的一点：路是走出来的，不是在地图上画出来的。

创业之路注定是不平坦的路，走过三片荆棘，后面还有无数。

在创业道路上，唯一可以确定的恐怕就是不确定。创业者面对的是不确定的未来，要随时准备着去解决各种不确定的问题。那些突如其来的问题，那种力不从心的无奈，那种山穷水尽的绝望让你如同进入地狱。那种越挫越勇的锐气，那种百折不挠的努力，那种柳暗花明的兴奋又让你置身天堂。

人得地狱，方能天堂。这或许就是创业的魔力所在，或许就是生而为人的使命所在。

三、运营情况

项目旨在关爱卫国老兵、记录英雄故事、传承英雄精神，让当代大学生青春不惑，共筑中国梦。主要使命有：

（1）对南疆卫国老兵及烈士遗属给予精神和物质上的关爱；

（2）让英雄精神激励着现在和未来的年轻人为实现“中国梦”而奋斗。

项目主要通过“口诉历史”的方式，记录、整理当年卫国老兵的故事，形成鲜活的影音及文字资料，让英雄故事、红色精神代代相传；打造爱国小兵IP，有偿授权使用，开发IP衍生产品进行义卖，会同政府部门及慈善组织进行定向扶助，改善困难老兵及烈士遗属的生活。

团队成员采访老兵，挖掘记录老兵故事

团队目前有专职学生成员14人，由退伍返校的军人、南疆卫国英雄的后代、中共党员组成，招募了来自全国各地红爱传播使者300余人。

本项目获得了社会各界及政府的支持，值得一提的是，还邀请了共和国勋章获得者李延年、时任老山总攻团代政委黄宏将军作为项目指导顾问。

团队成员与共和国勋章获得者李延年合影

团队成员与时任老山总攻团代政委黄宏将军合影

项目已经深入采访了 231 名南疆卫国老兵，摄制视频材料超过 13 000 分钟，录制音频材料超过 16 500 分钟，记录的文字材料逾 190 万字。已举办红色英雄传承讲座 200 余场，形成了红色故事传播专辑。

项目设立了“广西慈善总会·不惑青春·关爱南疆卫国老兵基金”。项目已吸引社会团体、企事业单位捐助 280 余万元，关爱和资助了 600 余位老兵及烈士家属，获得多个政府部门发来的感谢信。

红爱传播使者为老兵家属带去慰问与关爱

团队成员在乌蛟腾抗日英烈纪念碑前与戍边卫国老兵合影

2019 年 8 月 15 日在习近平总书记回信两周年之际，不惑青春项目团队正式成立了国内首个“英雄精神体验传承基地”。基地分为“浴血卫国”“热火建设”“青春不惑”三大主题片区，分别展示戍边卫国英雄事迹、复员建设家乡事迹、新时代年轻人传承爱国精神三个方面的物品、证件、照片、视频等材料，供在校师生、来访人员及团队参观学习。开馆三个月，参观人数已超过四千余人。

“不惑青春——英雄精神体验传承基地”揭牌仪式现场

四、所获奖项

项目获得第五届中国“互联网 +”大学生创新创业大赛广西赛冠军，全国赛银奖，项目还在团中央、全国文明办等七个部门举办的第四届中国青年志愿服务公益创业赛中荣获全国银奖，以及在 2019 年“中国梦 + 青年力量”广西青年创业创新大赛中获扶贫助困公益创投组一等奖。

项目作为全国典型案例受到“互联网 +”大赛官媒报道，以及人民网、光明网等超过 200 家媒体关注及报道。社会舆论认为：该项目可以视为思政与双创相结合的一个特色范例。达到了教育部“上好全国最大的一场思政课”的要求。

五、经验体会

习近平总书记在多个场合多次发表关于英雄的谈话，他说，一个有希望的民族不能没有英雄。崇尚英雄才会产生英雄，争做英雄才能英雄辈出！对中华民族的英雄，要心怀崇敬。每一段英雄故事，都是永不熄灭的精神火炬，不断激发前行的力量。

习近平总书记的讲话就是我们的使命、初心和方向。

不忘初心，方得始终。

公益创业是一条有开始，却没有尽头的路。我们越往前走，越觉得做得不够。未来，我们只争朝夕，更大范围、更高效率、更高标准地关爱卫国老兵，记录英雄事迹，传承英雄精神。

当年，那些热血青年一个个剃光了头，写下遗言，喝了壮行酒奔赴前线，他们身上充满了军人的血性，为了祖国和人民甘于牺牲一切。

今天，他们抑或是失去双眼双腿，抑或是躺在病床前，但依然乐观坚强地向我们讲述那一段段英雄往事，勉励我们为国家奋斗，为人民奉献。

我们不知道该如何对他们说一声谢谢，铭记、前进便是我们最好的致敬！

关爱英雄，传承英雄精神，让青春不惑，共筑伟大的中国梦！这就是我们的铮铮誓言。

我们是不惑青春项目团队，我们矢志不渝，砥砺前行！

2. 平桉菌工厂

平桉菌工厂——六千万亩速生桉土壤的修复神
（青年红色筑梦之旅赛道）

获奖证书
Certificate of Award

吕金芳、杨慧杰、冼勇、尧利安、朱东荣、石绍君、党玉豪、蓝圆、何叔宝、马佰雨、李想、钟桂华、李渐婷、陈飞卓、刘诗菁：

你们的作品《平桉菌工厂——六千万亩速生桉土壤的修复神》，在第六届中国国际"互联网+"大学生创新创业大赛中荣获 银奖

指导老师：马骏、黄如、罗维长、韦林杉、邓海贝、李梓昕、王静静

特发此证，以资鼓励。

主办单位：
教育部、中央统战部、中央网络安全和信息化委员会办公室、国家发展和改革委员会、工业和信息化部、人力资源和社会保障部、农业农村部、中国科学院、中国工程院、国家知识产权局、国务院扶贫开发领导小组办公室、共青团中央、广东省人民政府

中国国际"互联网+"大学生创新创业大赛组委会

证书编号：2020[illegible]

一、壮乡子弟的初心

“我们就是要学习袁隆平爷爷，扎根中国乡村，了解农民需求，用知识和才干造福乡村，把论文写在中国大地上，让青春绽放在中国大地上！

“广西这片红土地是生我养我的地方，解决外来物种过度消耗土壤的问题，让红土地更加肥沃，变成乡村振兴的金土地，这就是壮乡子弟的责任与担当！”

当项目负责人说出这样的理想抱负，不禁让人肃然起敬。

第六届中国国际“互联网 +”大学生创新创业大赛青年红色筑梦之旅赛道现场赛中平桉菌工厂项目让人看到了广西壮乡振兴的希望。

“广西的土地大多呈红色，相对于北方的黑土地而言，较为贫瘠。种植了速生桉后加重了土壤的贫瘠程度。”项目负责人指着家乡的红土地介绍。

桉树原产于澳大利亚，经过速生改造的品种被称为速生桉。20 世纪 90 年代，国家为了发展造纸业，开始推广速生桉。速生桉也一度被称作“摇钱树”。目前，全国种植总面积已达六千万亩。

然而好景不长，人们种植了一段时间后，发现这六千万亩“摇钱树”其实就是六千万颗生态炸弹。

速生桉作为外来树种，几乎没有天敌，得到了野蛮生长，生长过程中还会产生有毒的化感物质，抑制其他植物生长，导致本土树种锐减，生态受到巨大冲击。因为速生，它对土壤肥力和水分需求特别大，造成土地贫瘠化甚至是荒漠化。

不当的炼山种植方式加重对土壤的破坏，对生态造成的巨大危害。"摇钱树"就这样成了村民口中的"断子绝孙树"。

关于速生桉产生的环境危害问题，中央电视台等主流媒体做过多次报道。项目创始人来自广西来宾市，中央电视台报道速生桉问题的主要采访地就位于他们的家乡。

"我们家里最初也种了上百亩速生桉，后来我们响应政府号召，砍了自家速生桉。砍后发现，种植过速生桉土壤过于贫瘠，还遗留了有毒的化感物质，种树吧，长得慢，没什么收益。种菜也没办法吃，苦得要死，唉……一家人欲哭无泪啊。而其他村民砍完速生桉后，却迫于生计和眼前利益又偷偷复种，如此反复便形成了恶性循环。我多想家乡的红土地变成习近平总书记所说的金土地啊！"项目成员回忆往昔，语气中充满了无奈。

"他们找到了我，想干一番造福乡亲的事业。"项目指导老师马骏博士回忆当时的场景，"我告诉他们：你们的想法很好，年轻人就应该关注家乡，了解家乡，造福家乡。就应该以袁隆平院士为榜样，按照习近平总书记对你们的期望，扎根中国大地，书写人生华章！"

就这样，一个旨在解决速生桉土壤修复难题的项目诞生了。

二、一波三折的历程

习近平总书记说：绝不能以牺牲环境的代价换取经济的一时发展。

"多地政府也意识到速生桉的危害性，出台了大量政策强制砍伐并鼓励替代种植，但由于土壤毒素消解时间长、缺乏高经济替代作物、既得利益者阻碍等问题，成效不大。"项目负责人介绍了项目要攻克的难点问题。

"我爷爷当年是林业局的干部，专门进行过速生桉相关的研究，在他的鼓励和支持下，我们团队申请了国家级大创立项，项目扬帆起航。"

要想有效治理速生桉问题，就必须攻克土壤修复的技术难题，以及替代种植后农民增收的问题。

负责人介绍说："为了解决土壤修复的难题，我们进行了大量的试验，前期效果均不理想。然而在几次调研中偶然发现，有个别速生桉林地依然生长着茂密的植被，经过检验，证实土壤中富含微生物，是它们降解了化感物质。于是我们采集菌相，历时三年时间，终于培育出'平桉'菌种族群。这些菌种按照一定的配比混合到土壤中，可以发挥协同效应，迅速修复土壤。我们将这种创新的技术命名为'菌团'技术。"

"为了缩短菌种筛选和培育周期，我们与基因公司合作。借助先进的基因技术，团队在 3 年内实现了用传统方法 15 年才能完成的任务。大学生新创业一定要与专业结合，一定要瞄准最新的科技，将其运用到现实问题上。"

解决了土壤修复的技术问题，还有解决替代后的收入问题，否则，速生桉影响环境的问题还是没有办法解决。缺乏高经济价值的替代作物成了项目的第二个"拦路虎"。

"我们从多种耐虫害、易生长、高价值树种中筛选改良，培育出南桐树种。同时我们与雷尔股份（广西）公司合作，联合培育出 22 种经济作物，并掌握了全套种植方案。南桐不仅生长快，无毒害，还能发展林下经济，木材除了造纸外，还能够制作家具，比速生桉用途更广。其经济价值也远超速生桉。"负责人指着南桐图片，语气中充满自豪。

有了技术，缺了推广，还是不能够创造价值。让乡亲们接受，形成可持续的、共同受益的运作模式，这是项目要迈过的第三道坎。

我们尝试了多种办法，发现乡亲们比较务实，我们比较理想化的做法都失败了。历经失败的磨炼，我们逐渐探索出成熟的商业模式。首先建立直营基地做示范，进而建立合作示范基地，最终带动土壤改良工程业务顺带销售菌肥和种苗获利。

我们通过多维度矩阵进行推广。招募农民工子弟成为公益宣传使者，建立速生桉大数据情报系统进行精准促销，借助权威机构和政府力量进行推广，这些符合农村特点的推广方式成效显著。

若要农民安心替代速生桉，还需解决农户替代种植的资金来源问题。团队探索出保底合同兜底，政府补贴助力，超过原定收益部分的利润分成模式，深受农户欢迎。

“就这样，我们的项目一步步壮大起来，开始取得了成效。”此时，负责人的脸上挂满了笑容。

三、红色筑梦显成效

“做这个项目之前，我从未想过我也能够申请专利。更没想到我们会在一些领域成为佼佼者”，负责人介绍，“项目目前有三项发明专利，专利的发明人与专利权人均为我们团队成员。然而比起专利，菌种在什么温度、湿度的组合下，采用什么基底进行培育才是比专利更核心的东西，而这些也都牢牢掌握在团队手中。”

“我们具备了核心竞争力。菌种培育需要耗费大量的时间和财力，时间墙和收益墙可以形成有效的技术壁垒，经过改良的种苗和成套的种植经验为我们带来竞争优势。可以说国内领先的菌团修复技术和替代种植方案就是我们的核心竞争力。”

说起技术上的成效，负责人满脸自信。说到对家乡的贡献，他更是充满了自豪。

“农民们通过替代种植，切切实实地获得了收入的增加，我只介绍了两个农户增收的案例，像这样的例子还有很多。我们不仅直接和间接促进了增收，还带动了就业，村民纷纷向我们表达谢意。”

“5 年来，我们不断地与农户合作建设示范基地，改良速生桉林地土壤。这是我们在示范种植基地实拍的图片。看着红土地在我们手中慢慢变成了金土地，我真的很自豪。”

负责人接着说：“广西的红土地给了我生命，广西的红色精神给了我理想！”

“我们在 2018 年启动了红色筑梦之旅活动将公益宣讲使者纳入规范化管理至，今已招募使者数千人。5 万公里路程，10 万小时的时长，烈日晒黑了皮肤，却把团队的激情和梦想锤炼得更红。”

四、六千万亩金山梦

习近平总书记2017年4月到广西视察时强调，“广西生态优势金不换”，要求广西扎实推进生态环境保护建设。

2021年4月，习近平总书记再次视察广西，强调广西要在推动绿色发展上迈出新步伐，在巩固发展民族团结、社会稳定、边疆安宁上彰显新担当。

习近平总书记的嘱托，给了团队更高、更快、更远的发展动力。

习近平总书记说，绿水青山就是金山银山，这句话对于我们团队而言不仅是口号，更是行动指南。

“速生桉全国种植总面积超六千万亩，广西占比超过六成。六千万亩速生桉林地土壤的改良，不仅是个巨大的商业机会，还是一个造福子孙的宏伟事业。我们已经完成了前期的技术积累，拥有先发优势。商业模式也已经跑通，可以迅速地复制扩张。为了让家乡的山更青、水更绿，为了让乡亲们能够通过土地获得更多的收入，我们将持续奋斗！”

将自己的青春梦融入伟大的中国梦，在扎根家乡的艰苦奋斗中磨炼意志品质，在解决问题的创新活动中锻炼本领。项目团队的奋斗历程，让人看到了新一代壮乡子弟的责任与担当。

祝愿平桉菌工厂项目早日实现六千万亩金山银山的梦想。

3. 瑶草纲目

瑶草纲目：瑶族养生智慧走向世界的先行者

（高教主赛道，国赛现场赛路演稿）

获奖证书

Certificate of Award

江火凤、李佳党、黄琳月、唐华宇、丁晴晴、孙迅、李梓昕、覃炳源、梁精文、韦佳佳、吴少蓉、李佳玲、谢慧君、农滨、莫铧豪：

你们的作品《瑶草纲目：瑶族养生智慧走向世界的先行者》，在第六届中国国际“互联网+”大学生创新创业大赛中荣获 铜奖

指导老师：黄如、马骏、韦林杉、邓海员、罗维长

特发此证，以资鼓励。

主办单位：
教育部、中央统战部、中央网络安全和信息化委员会办公室、国家发展和改革委员会、工业和信息化部、人力资源和社会保障部、农业农村部、中国科学院、中国工程院、国家知识产权局、国务院扶贫开发领导小组办公室、共青团中央、广东省人民政府

中国国际“互联网+”大学生创新创业大赛组委会

二〇二〇年十一月

证书编号：2020[illegible]

评委老师们好！

我们的项目是瑶草纲目，首先请评委们观看一段 VCR。

5 年前，我们的项目起航了。三亩种植田是当时所有的家当。

种药材很苦，但一年到头却赚不到什么钱。我们甚至对创业方向产生了怀疑，不是说种瑶族药材能赚钱吗？问题出在哪里？

经过调研发现，瑶族药材需求量很大，但常见的药材基本上已经饱和，有些甚至供大于求，市场上缺少的是野生的，难以人工种植的珍贵药材。

“原始人都能将稻谷驯化，我们当代大学生为什么不可以？”

团队反复探讨后，决定人工种植珍稀野生药材。

很快，我们发现这些珍稀药材要么种不活，要么种出来的药用价值不高，通俗来讲，就是人参变成了萝卜。也不记得经过了多少次试验，最终我们攻克了这些珍稀药材的种植难题。这就是我们称为“火星生态舱”的技术。

最早运用这项技术的是美国航空航天局（NASA），说简单一些，就是在火星上模拟地球的生态环境，让生物能够在火星上繁殖。将这项技术降维运用于珍稀药材种植，是完全可行的。

火星舱听起来很牛，其实原理比较简单，但是实现起来却很难，因为搭建火星舱有两个关键的技术问题：一是获得珍稀药材全周期的生长环境数据；二是做到百分之百仿真模拟。

为了获得珍稀药材的生长环境数据，我们在其原生地放置传感器，全面收集土壤成分、光照、温度、湿度、风量、雨量、伴生昆虫和微生物的数据，将这些数据结合从天文台所得到的历年天文情况，构建每种药材专属的生长环境模型。我们已经建立了三种模型并申请了软件著作权。

为了百分之百模拟仿真，我们与深圳某科技有限公司合作，全面模拟这些药材的专属环境，为了更大程度地还原，我们甚至把原生地的岩石、土壤、苔藓、野草等一起搬入。

火星舱运行 3 年来取得了较大的成效，我们种的药材各项指标均优于野生药材，产量也大幅增加，这个产量已经占据了 95% 的市场份额，我们成了这三种药材的独家供应商，总营业收入非常可观。

创业到了这一步，也算是小有成就，即使是安于现状，也是衣食无忧了。直到某科技公司工作人员找到我们洽谈，我们才意识到，其实我们可以，也应该做到更好。

金秀县是著名的瑶药之都，全球大部分的瑶族药材均产于此，但近年却遇到了药材的药用价值严重下降的问题，原先需要100克现在要400克才能够达到同等功效，这造成了金秀药材口碑下降，销量下降，价格降低，给当地经济造成巨大影响。该公司知道我们的技术后，希望我们能够找到原因，提升这些药材的药用价值。

该公司提供了专项经费，同时划拨了部分土地供我们研发。我们运用火星舱的技术原理，收集这些药材的关键生长参数，并反复试验，确定关键指标，形成高效种植方案。目前，我们已经形成了药材的有效种植方案，通过该方案种植的药材，其各项指标均大幅提升，部分靶向参数甚至提升了360%以上。我们通过技术服务的形式向药农推广，与药农签订增收抽成合同，以此获得收益。

至此，企业已经成为核心药材供应商和药材种植方案服务商。

伴随着企业的壮大，我们有了资金，也有了更大的规划。2019年，公司决定涉足瑶族大健康领域。

正如VCR中所讲，瑶族积累了大量的养生智慧，但却无法进行现代化的推广，更不用说走向世界。

原因在于瑶族没有文字，所有的养生方子都是口口相传，这就导致出现偏差甚至是失传。团队认识到这个问题后，开始系统化地收集瑶族养生验方，并将收集来的方子集命名为《瑶草纲目》，用意就是对标《本草纲目》，力争做到对瑶族养生智慧的传承。

有了方子之后，我们从祖传按摩膏入手，与广西著名药企合作，借助其强大的院士、博士团队，研究配方的靶向成分，并利用医药级的生产车间进行现代化的制备生产。

为了打开市场，我们一方面与药材批发商合作，委托某公司进行独家代理；另一方面与美容院等机构合作，发展他们成为合作店以及加盟店。按照这样的模式，我们打开了市场，建立了良好的渠道。目前已经在深圳、广州、杭州等地发展了合作点。

受疫情影响，我们进行了网络直播带货的尝试，为了避免渠道冲突，网络直播主要面向海外，以宣传为主，具体的销售委托当地的个人代理进行。产品通过这种模式，已经销售到欧洲、北美、亚非拉等多个地区。

搭建好渠道后，我们发现单一产品很难支撑起庞大的网络，并且，瑶族的养生智慧也远不止于此。我们选择了瑶浴这个有巨大市场需求的领域进行新产品研发。

我们已经研发出瑶浴系列萃取液，只要几滴便可以达到传统一大包草药的功效。现在向评委展示的就是我们的新品，在身体疲劳时，可以在浴缸中倒入适当萃取液，做一个泡浴，缓解一天的疲乏。还可以直接涂抹到身上，擦拭几分钟，淋浴冲洗即可。相信我们的产品能让评委们疲劳尽消，重新做回巅峰的自己。如果评委们想长期使用，可以登录我们的旗舰店，我们为您包邮到家。评委们请放心，这款产品经过权威机构检测，批号齐全，试销 2 个月以来，无一差评。

经过 5 年来的发展，我们不仅成了珍稀药材供应商，还成了药材高效种植服务商，现在又贴上了新的标签：瑶族养生智慧产品转化商。

我们正在逐步实现将瑶族养生智慧推广到全世界，造福全人类的宏愿。

我们公司成立于 2019 年，这是我们的股份构成。按照董事会商讨后的决议，暂时不需要融资。毕竟我们离上市还有很长的路，我们也没有驾驭资本的力量，还需要厚积薄发。

我们也申请了一系列的专利，构建起良性发展的护城河。更重要的是，珍稀药材种植参数这些核心机密牢牢地控制在我们手中。同时，我们形成了瑶族养生的验方集，这是我们能够迅速进行产品转化的先发优势。

我们团队由本科生和研究生构成，相比于一些高科技的企业，公司成员学历不是很高，但我们却通过合作公司，具有了一支院士和博士组成的顶尖技术团队。

在创业的过程中，母校给了我们巨大的支持，不仅为项目负责人休学创业和学分替换大开绿灯，还为我们企业的发展和参赛提供了强大的导师队伍，有院长、副院长、博士斯坦福认证导师等。

为了感恩母校，我们企业计划设立奖学金，签约横向产学研课题，为学生提供了多个实习岗位，不仅要引领教育，还要让教育引领企业更好地发展。

截至9月，我们共提供多个直接工作岗位，还间接带动了许多人就业，获得了乡亲们的认可，以及当地政府的好评。

我们只是为社会做了一点贡献，但却获得了社会的加倍回报。这份嘉许对我们是荣耀，更是鞭策，我们团队一定坚守初心，不断砥砺前行，为瑶族养生智慧走向世界而努力！

迎着政策的东风，下一个瑶族“同仁堂”，下一个中国“津村制药”或许就是我们。不，不是或许，是一定。

谢谢各位评委老师，让我们共同见证。

6.2 南宁学院公益创业教育展望

高等教育肩负着培养创新型人才、服务地方经济社会发展的重要使命，而创新创业教育作为培养新时代人才的关键途径，其重要性日益凸显。南宁学院作为一所民办高校，未来将继续积极探索红色公益创新创业教育模式，旨在通过融合红色文化与创新创业教育，培养出既具有社会责任感又具备创新创业能力的新时代青年。

红色公益创新创业教育是南宁学院在深入贯彻落实党的教育方针过程中形成的一种特色创新创业教育模式。红色公益与创新创业教育的有机结合，不仅能够弘扬红色文化，传承革命精神，还能够激发学生的创新意识和创业热情，培养具有社会责任感的新时代青年。南宁学院深知这一教育模式的重要性，积极探索将红色公益理念融入创新创业教育的有效途径，以期在培养学生综合素质的同时，为地方经济社会发展注入新的活力。这种教育模式不仅符合国家对高等教育改革发展的要求，也适应了当前经济社会发展的现实需求。

然而，随着教育改革的不断深入和经济社会的快速发展，南宁学院在推进红色公益创新创业教育过程中也面临着诸多挑战。如何进一步优化课程设计、加强实践效果、深化学生创新创业意识、加强学生红色公益创新创业能力，以适应新时代对人才培养的新要求，成为摆在南宁学院今后进一步推进红色公益创新创业教育的重要课题。未来，南宁学院仍将继续深耕红色公益创新创业教育，并从以下五点持续发力。

6.2.1《社会实践：传承英雄正气新体验》课程引领，深化大学生红色公益创新创业实践，强化社会责任感

红色公益创新创业已经成为一种新兴的社会实践模式，它结合了红色文化的传承与公益精神的发扬，同时融入了创新创业的理念。这种模式的出现，不仅为大学生提供了展示自我、实现价值的平台，更是培养他们社会责任感、增强实践能力的重要途径。而《社会实践：传承英雄正气新体验》课程，正是在这样的背景下应运而生，旨在通过系统的课程学习和实践活动，引领大学生深入红色公益创新创业的领域，强化他们的社会责任感。

红色文化作为中国特有的文化，蕴含着丰富的革命精神和历史内涵。而公益精神，则是现代社会所倡导的一种无私奉献、关爱他人的价值观。将这两者结合起来，不仅是对传统文化的传承，更是对现代价值观的弘扬。同时，创新创业作为新时代的主题，是大学生必须具备的能力和素质。因此，《社会实践：传承英雄正气新体验》课程的开设，具有非常重要的现实意义和长远的发展价值。

《社会实践：传承英雄正气新体验》课程在内容上注重理论与实践的结合，既包含丰富的红色文化知识，又涉及公益创新创业的实践技能。课程通过实地讲解红色历史、分析红色英雄人物事迹、探讨红色文化在当代社会的价值等方式，帮助学生深入理解红色文化的内涵和精神实质。同时，课程还引入公益创新创业的理念和模式，介绍相关的理论知识和实践案例，指导学生如何结合红色文化开展公益创新创业活动。

在特色上，《社会实践：传承英雄正气新体验》课程注重体验式教学和互动式学习。课程通过组织学生参观红色教育基地、开展红色文化主题实践

活动等方式，让学生在亲身体验中感受红色文化的魅力，提升公益创新创业的能力。

在实施过程中，《社会实践：传承英雄正气新体验》课程注重学生的主体性和参与性。教师作为课程的引导者和组织者，充分发挥学生的主观能动性，鼓励他们积极参与课程学习和实践活动。同时，课程还建立了完善的考核机制和激励机制，对学生的学习成果和实践表现进行客观评价，激发他们的学习热情和动力。

通过《社会实践：传承英雄正气新体验》课程的实施，南宁学院红色公益创新创业教育取得了显著的效果。首先，学生的红色文化素养得到了提升，对红色文化的认识和理解更加深入。其次，学生的公益创新创业能力得到了锻炼和提高，学会了如何结合红色文化开展公益创新创业活动，并取得了一定的成果。最后，学生的社会责任感得到了强化和巩固，更加关注社会问题，愿意为社会的发展和进步贡献自己的力量。

今后，在深化红色公益创新创业实践的过程中，南宁学院将始终注重强化学生的社会责任感。社会责任感是大学生必须具备的核心素养之一，也是他们未来成为社会栋梁的重要基础。因此，在课程的实施过程中，将不断强调社会责任感的重要性，并通过多种方式培养学生的社会责任感。首先，引导学生关注社会问题，培养他们的社会意识。鼓励学生关注身边的社会现象和问题，通过调查研究、分析思考等方式，深入了解问题的本质和原因，并提出解决方案。通过这种方式，学生不仅能够增强对社会的认知和理解，还能够培养他们的社会责任感和使命感。其次，组织学生参与公益活动，培养他们的奉献精神。鼓励学生积极参与各种公益活动，通过实际行动为社会做出贡献。这些活动不仅能够让学生感受到奉献的快乐和成就感，还能够培养他们的团队合作精神和领导能力。最后，注重培养学生的职业道德和职业操守。职业道德和职业操守是从事任何职业都必须具备的基本素质，也是体现社会责任感的重要方面。因此，在课程的实施过程中，不断强调职业道德和职业操守的重要性，并通过案例分析、角色扮演等方式培养学生的职业道德意识和行为规范。

展望未来，《社会实践：传承英雄正气新体验》课程将继续发挥引领作用，深化红色公益创新创业实践，强化学生的社会责任感。将进一步完善课程内容体系，更新教学资源和方法手段，提高教学质量和效果。同时，将加强与政府、企业和社会组织的合作与交流，拓展实践平台和资源支持，为学生的全面发展提供更好的条件和保障。

6.2.2 挖掘广西红色资源，培育学生红色情怀，聚焦本土社会问题

广西作为中国革命的重要根据地之一，拥有丰富的红色资源，这些资源不仅是历史的见证，更是宝贵的教育财富。从烽火连天的革命战争年代，到改革开放的新时期，无数英勇的广西儿女用他们的鲜血和汗水书写着波澜壮阔的历史篇章。作为一所地处广西的高等学府，南宁学院始终坚持以红色资源为基石，以培育学生红色情怀为核心，以聚焦本土社会问题为导向，积极开展红色公益创新创业教育，为培养新时代的有志青年贡献着自己的力量。

1. 挖掘广西红色资源，筑牢红色公益创新创业教育之基

广西的红色资源是南宁学院红色公益创新创业教育的重要基石。这片土地上，革命遗址遍布，英雄事迹传颂。通过深入挖掘这些红色资源，通过组织参观革命遗址、开展红色主题教育活动等方式，让学生亲身感受红色文化的魅力，了解革命先烈的英勇事迹，从而激发他们的爱国情怀和奋斗精神。

学院与当地政府、革命纪念馆等机构建立了紧密的合作关系，共同开展红色资源的挖掘和整理工作。通过社会实践的方式定期组织师生前往革命遗址进行实地考察，通过听取讲解、观看展览等方式，深入了解革命历史的细节和英雄人物的事迹。同时，还邀请革命后代、专家学者等来到校园，为学生讲述红色故事，传授红色精神。这些活动不仅让学生对红色文化有了更加直观、深刻的认识，更让他们在心灵深处感受到了红色精神的伟大和崇高。

2. 培育学生红色情怀，激发创新创业精神

培育学生的红色情怀是南宁学院红色公益创新创业教育的核心目标之

一。红色情怀是对红色文化的热爱和传承，是对革命先烈的敬仰和怀念，是对社会进步的追求和奉献。学院通过多种形式的教育活动，引导学生深入学习和理解红色文化，培养他们的红色情怀。

南宁学院积极开展红色主题教育活动，如红色文化演讲比赛、红色歌曲合唱比赛等，让学生在参与中感受到红色文化的魅力和力量。同时，南宁学院还注重将红色文化与创新创业精神相结合，鼓励学生将红色文化的精神内涵融入创新创业实践。南宁学院基于创新创业基础课程、大学生创新创业训练项目、“互联网+”大学生创新创业大赛等方式，为学生提供资金支持和技术指导，帮助他们将创意转化为实际项目。这些项目不仅具有社会价值和经济价值，更体现了学生对红色文化的传承和创新。

此外，南宁学院还注重培养学生的社会责任感和使命感。通过组织学生参与社会调查、志愿服务等活动，让他们深入了解社会问题和民生需求，学会关注身边的人和事，积极为社会做出贡献。这种社会责任感的培养不仅有助于学生更好地融入社会、服务社会，更有助于在未来的职业生涯中始终保持一颗感恩的心和一份奉献的精神。

3. 聚焦本土社会问题，推动红色公益创新创业实践

聚焦本土社会问题是南宁学院红色公益创新创业教育的又一重要方面。学院引导学生关注身边的社会问题，如贫困问题、环境问题、教育问题等，通过社会实践、志愿服务等方式，积极参与解决这些问题的行动。

今后，南宁学院将继续与当地社区、企业等建立合作关系，共同开展公益项目和社会实践活动。这些实践活动不仅让学生有机会亲身参与社会问题的解决过程，更让他们在实践中锻炼了自己的实践能力和创新精神。此外，南宁学院还注重将实践成果转化为实际的社会效益。通过项目推广、社会宣传等方式，让更多的人了解和参与到公益事业中来。同时，学院还积极与政府、企业等合作，共同推动社会问题的解决和进步。这种以问题为导向的教育方式不仅有助于提升学生的实践能力和社会责任感，更能推动社会的和谐与进步。

4. 打造红色校园文化，营造浓厚育人氛围

南宁学院注重将挖掘红色资源与校园文化建设相结合，持续打造具有红色特色的校园文化氛围。南宁学院将充分利用校园内的各种空间和设施，打造红色文化教育阵地，如在校园内建设红色文化长廊、设立红色文化展示区等，将红色文化元素融入校园环境，营造出浓厚的红色文化氛围，为学生们提供展示自我、交流学习的平台，进一步激发他们的红色情怀和创新创业热情。

5. 深化合作与交流，共促红色公益创新创业教育发展

在挖掘广西红色资源、培育学生红色情怀、聚焦本土社会问题的过程中，南宁学院未来还需注重与地方政府、企业等机构的合作与交流。通过与这些机构的紧密合作，学院不仅可以为学生提供更广阔的创新创业平台，同时为地方社会问题的解决和公益事业的发展贡献了智慧和力量。

总之，挖掘广西红色资源、培育学生红色情怀、聚焦本土社会问题，是南宁学院红色公益创新创业教育的重要内容和特色。通过深入挖掘和利用红色资源，培育学生的红色情怀和创新创业精神，聚焦本土社会问题开展实践活动，加强与地方政府、企业等机构的合作与交流，南宁学院为培养新时代的有志青年做出了积极的贡献。在未来的发展中，南宁学院将继续发挥自身的特色和优势，为红色公益创新创业教育的发展贡献更多的智慧和力量。

6.2.3 聚焦红色公益创业能力，加大高校公益创业人才培养力度

为了未来能更深入地强化南宁学院在红色公益创新创业人才培养方面的力度，可以从以下几个维度进行切入和提升：

1. 对课程设计进行精细化改良

南宁学院将紧密结合红色公益创业的独特性和时代需求，对相关课程进行有针对性的优化。这包括明确界定培养目标、科学设置课程体系以及合理安排实践环节等，从而确保南宁学院的红色公益创新创业人才培养既高效又

富有成果。

2. 加强校地、校企之间的多元合作

南宁学院未来会持续主动对外建立联系，与各级政府、企业以及社会组织等建立稳固的合作关系，共同推动红色公益创业人才的培养进程。这种合作模式不仅能为学生提供更为广阔的社会实践舞台，还能有效促进学校与地方、企业之间的资源互通和优势互补，实现多方共赢。

3. 完善激励机制，激发学生的内在动力

南宁学院可以通过设立专门的创业基金、提供丰厚的参赛奖金等方式，鼓励和支持学生积极投身于红色公益创业活动及相关的创新创业竞赛中。同时，对于那些在红色公益创业领域取得显著成就的学生，学院应给予及时的表彰和广泛的宣传，充分发挥他们的榜样引领作用。

6.2.4 依托校内公益社团与创新创业俱乐部，激活大学生公益创业新动力

1. 加强公益社团与创新创业俱乐部的合作与交流

积极推动公益社团与创新创业俱乐部之间的紧密合作与深度交流，通过策划联合活动、实现资源共享等创新方式，进一步促进两大组织的有机融合。这种深度的融合与互动，不仅有助于全面培养学生的跨界思维与综合能力，而且能够为公益创业领域注入新的活力与创意，拓展其发展的无限可能。

2. 推进公益创业教育与实践培训

南宁学院应充分发挥公益社团与创新创业俱乐部的独特资源优势，开设具有针对性的公益创业教育课程与实践培训项目。通过邀请经验丰富的公益创业者进行知识分享、组织富有挑战性的创业大赛等多元化活动，有效激发学生的公益创业激情，并帮助他们系统提升创业实践能力。

3. 设立并优化公益创业资金支持体系

南宁学院可以设立专门的公益创业基金，旨在为有志投身公益创业的学生提供坚实的资金支持。同时，学院应积极拓展与校外机构的合作空间，争

取为公益创业项目引入更多元化的资源和助力，从而确保其能够平稳落地并持续发展。

4. 打造全方位的公益创业生态圈

南宁学院应积极致力于构建一个开放、包容、高效的公益创业生态圈，通过有效整合校内外的各类资源、人才和项目，形成强大的合力。借助搭建公益创业服务平台、定期举办公益创业高峰论坛等举措，有力推动各方之间的深度交流与合作，共同促进公益创业事业的繁荣与发展。

为确保上述策略能够得以有效落地，学院还需在未来着重加强以下几个方面的保障工作：

（1）完善组织架构，优化管理制度

公益社团和创新创业俱乐部的组织架构进行全面梳理和完善，确保各部门职责清晰、分工明确，从而保障各项工作的顺利推进与高效执行。

（2）加强师资队伍建设

加强对公益社团和创新创业俱乐部指导老师的选拔与培训，提高他们的专业素养和指导能力，为学生提供更好的指导与支持。

（3）建立激励机制与评价体系

建立合理的激励机制和评价体系，对在公益创业方面表现突出的学生和老师给予表彰和奖励，激发更多人的参与热情。

6.2.5 依托地方红色特色，引导学生树立公益品牌意识，推动红色公益创业项目品牌化进程

1. 深入挖掘地方红色资源，塑造特色品牌

南宁学院应当深入探寻并充分利用地方丰富的红色资源，将这些独特的元素巧妙地融入公益创业项目，从而打造出别具一格的品牌形象。通过讲述动人的红色故事、传承崇高的红色精神，为公益项目注入鲜活的红色基因，使其在琳琅满目的公益项目中独树一帜，熠熠生辉。

2. 精准定位品牌方向，谋划长远发展战略

红色公益创业项目必须明确自身的品牌定位，即在广阔的公益领域中找准自己的立足点和独特优势。基于这一定位，项目团队应精心制定品牌发展战略，涵盖品牌目标、品牌形象塑造、品牌传播策略等多个层面。这将确保项目在持续发展的道路上始终保持品牌理念的连贯性和一致性。

3. 全面加强品牌宣传力度，扩大社会影响力

南宁学院需充分调动校内外各方资源，为红色公益创业项目提供强有力的品牌宣传支持。通过积极参与各类公益活动、与主流媒体建立合作关系、利用网络平台进行广泛传播等手段，有效提升项目的品牌知名度和美誉度。同时，鼓励学生通过社交媒体等渠道自发分享项目成果，进一步拓展品牌的影响范围。

4. 积极寻求品牌合作与联盟，实现共赢发展

南宁学院应积极主动与其他公益组织、企业等建立稳固的品牌合作与联盟关系。通过资源共享、优势互补的合作模式，共同推动红色公益创业项目向更高层次发展。这种合作不仅能为项目带来更多宝贵的资源和支持，还能显著提升项目的品牌效应和市场竞争力。

5. 持续创新完善项目内容，精心维护品牌形象

红色公益创业项目在发展过程中必须保持持续的创新精神和完善意识，以不断适应社会需求的变化和时代的进步。通过持续优化项目内容、提升项目执行质量，确保项目的品牌形象始终保持在行业前列。同时，南宁学院还应建立健全品牌危机应对机制，及时有效地处理可能出现的品牌危机事件，保障项目的稳健运行和持续发展。

红色公益与创新创业教育的结合，不仅是对传统教育模式的创新，更是对红色精神的传承与发展。南宁学院通过整合校内外资源，搭建公益创业平台，为学生提供了广阔的实践舞台。这种教育模式不仅培养了学生的社会责任感和创新创业能力，还促进了红色文化的传播，实现了教育与社会发展的双赢。

展望未来，南宁学院在红色公益创新创业教育领域有着广阔的发展前景。南宁学院将继续坚守红色公益的初心，不断探索与实践，有望培养出更多具有红色精神、创新创业能力的优秀人才，为社会的发展贡献自己的力量。同时，这种教育模式的成功实践，也将为其他高校提供有益的借鉴，共同推动中国高等教育在公益与创新创业领域的蓬勃发展。

附　录

南宁学院在“跟着中国共产党学创业”专题教育研讨会上作主题分享

为努力从中国共产党的百年发展史中汲取奋斗智慧和力量，推动创新创业教育高质量发展以及引领青年创业跟党走，2023 年 12 月 23 日，以“培根铸魂守初心、双创育人担使命”为主题的“跟着中国共产党学创业”专题教育研讨会在广西师范大学顺利举行。本次研讨会由中国高校创新创业教育联盟、广西高校创新创业教育研究中心指导；广西师范大学创新创业学院（国家级）、教育部创新创业课程群虚拟教研室主办；北京科技大学创新创业中心、延安大学创新创业学院、井冈山大学创新创业学院、深圳大学创新创业教育中心、上海对外经贸大学创新创业学院、中国–上海合作组织经贸学院创新创业学院、南宁学院创新创业教育学院联办。共有来自区内外 20 多所高校双创学院专家学者，以及学校党委组织部、学工部（处）、校团委、国际交流处、马克思主义学院、经济管理学院、政治与公共管理学院等职能部门和二级学院领导参加了研讨会。

广西师范大学党委常委、副校长汤志华在致辞中指出，第一，要认真挖掘“跟党学创业”的精神内涵。既要深刻理解中国共产党百年奋进历程孕育的科学内涵，形成“跟党学创业”的教育体系，传承党百年以来的自力更生、艰苦奋斗精神，还要紧紧围绕习近平总书记关于创新创业的重要论述，以敢为人先的锐气，不断开拓创新，在把握事物发展客观规律的基础上实现理论创新。第二，要加强“跟党学创业”的课程研发。通过开发“跟党学创业”特色课程，既能培养教师课程开发意识与能力、科研意识与能力，也能为青年学生从中国共产党的百年发展史中汲取奋斗智慧和力量提供多样的课程选择。第三，要构建“跟党学创业”的合作平台。要加强彼此之间的交流，探索搭建交流合作的平台，形成常态化的交流学习机制，凝聚力量、分享经验，共同致力于促进青年主动学习党的伟大精神，传承党的奋斗基因，增强青年学党史用党史的思想自觉和行动自觉，不断为培养堪当复兴大任的时代新人贡献力量。

南宁学院是“‘跟党学创业’思创融合育人共同体”联合发起单位，在专题教育研讨会上，学校陈雄章教授作《创业艰难百战多——基于国家级一流本科课程〈社会实践：传承英雄正气新体验〉的党史教育新实践》的主题分享。他着重介绍了所主持的国家级一流本科课程专创融合、思创融合的实践做法，课程从为学生精神铸魂、提升学生综合实践能力两大问题意识出发，紧紧围绕英雄精神传承主线，设计了四大专题讲座、四大主题实践活动和四条广西特色实践资源路线，突出课程内容、形式上的实践新体验，引领学生走近英雄、记录英雄、传承英雄、关爱英雄，助力学生塑造民族精神之魂，让学生在广西区域的广阔课堂行中学，学中思，思中创，提升服务区域经济社会发展的意识与能力，开辟了中国共产党创新创业历史教育的新实践。

作为应用型高校，南宁学院高度重视用中国共产党的创新创业历史与现实实践育人，陈雄章教授介绍说：“《社会实践：传承英雄正气新体验》，以英雄正气“传承”为出发点，以“创新”为着力点，将广西特有的珍稀英雄历史文化资源、红色资源与发展资源挖掘出来，通过建设实践基地，转变为进课堂、进教材、进专业、进学科、进社团、进工坊、进寒暑假作业、进网络、进师资、进产业、进评价的育人教学资源，形成课程思政的新路径，创新实践育人的载体，使之成为南宁学院立德树人的形象标杆。

南宁学院实践育人的做法在研讨会上引起了极大的共鸣，中国高校创新创业教育联盟秘书处的徐杨巧博士称：“南宁学院的分享特别精彩，受益良多，一定创造机会去你们那儿拜访学习特色教育课程。”通化师范学院创新创业教研室主任宋娟说：“南宁学院的实践做得太好了，特色鲜明、实践扎实、育人显著，给我们创新创业教育提供一个新的思路和视角。”广西师范大学创新创业学院副院长罗元说：“起初，我更多思考的是‘中国共产党百余年的奋斗史，就是一部恢宏的创业史’，听了南宁学院的报告，让我明白‘中国共产党百余年的创业史，也是一部艰难的牺牲史’。”

本次研讨会向全国高校发出“跟着中国共产党学创业”专题教育倡议，广西师范大学创新创业学院蒙志明院长代表大会宣读了倡议书。此次研讨，是全国首次举办的跨地跨校跨界“跟着中国共产党学创业”专题讨论活动。大家对中国共产党的创业历程及创业精神，如何用中国共产党的创业精神构建新时代青年创新创业的根与魂，以及如何推进“跟着中国共产党学创业”进行了充分的讨论，交流了经验，分享了成果，达成了合作的意向，为全国高校开展“跟着中国共产党学创业”专题教育点起了火把，吹响了号角。大家商定，研讨会将每年组织一次，明年将在北京科技大学举办。

参加研讨会代表合影留念

陈雄章教授在研讨会上作主题分享